大人気
歴史系
YouTuber

ミスター武士道の

「戦国武将」本当のキャラ教えます図鑑

ミスター武士道

宝島社

はじめに
ミスター武士道とは

いや～乱世乱世。どうもミスター武士道です。みなさんは、歴史の授業は好きでしたか？　私はあまり好きではありませんでした。ツマラナイですからね。ひたすら歴史上の人物の名前と、出来事と年号を覚える……ただの作業ですよ。歴史解説ＹｏｕＴｕｂｅｒなんてやっていると、「学生時代は日本史の成績がよかったんでしょう？」とよく言われますが、そんなことはありません。私は常に劣等生でした。そんな私が、仕事にできるほど歴史を好きになったきっかけは、漫画や小説などで歴史上の人物のキャラクターを知ったからです。教科書を読んで名前だけ知っていた人物が、どういう親のもとに生まれ、どういう境遇で成長し、挫折や悩みを乗り越えて我々の知る「歴史上の人物」になったのか、それを知って一気に歴史が好きになったんですね。彼らも、私たちと同じ一人の人間だった。逆にいえば、私たちだって何者かになれるんだと、勇気を貰えたのです。ぜひみなさんにも、戦国武将だけでなく歴史上の人物たちのキャラクターを知って、彼らのことを好きになってもらえればいいなと思っております。

ミスター武士道

「戦国武将」本当のキャラ教えます図鑑

もくじ

これも
これも
高く売れる
ぞよ…

えっへん!!

おかしいでござるョ!!
おみくじ
おみくじ
凶
大凶
小吉
大凶
凶

本書の見方

文章解説

人物たちがこれまでどのような人生を歩んできたのか、性格などを深掘りしながら解説していきます。

キャッチ説明

人物の特徴や個性をわかりやすい言葉で紹介していきます。

武士の世をつくった流人

武士らしくはないが
運には恵まれていた

鎌倉時代の武士

源《みなもとの》頼《より》朝《とも》

鎌倉幕府の初代将軍。源氏の棟梁・源義朝の嫡男として育ったが、平治の乱で源氏が敗れ、伊豆に流された。この地で北条時政の保護を受け、娘の政子と結婚。のちに挙兵して平家を倒し、鎌倉幕府を開いた。

享年 53歳 (1147～1199)

44

二章 鎌倉時代のトンデモ武将

戦に負けても勝利をつかむ豪運な男

初の本格的な武家政権・鎌倉幕府をつくった源頼朝。まさに「キング・オブ・武士」といった人物のように思えますが、実際に頼朝が合戦に参加したのはわずか4回ほど。内訳は「平治の乱→大敗」「山木館襲撃→成功」「石橋山の戦い→大敗」「奥州征伐→大勝」の2勝2敗のタイ。とはいえ、「山木館襲撃」は平家方の武将宅を奇襲しただけですし、奥州征伐は弱体化した奥州藤原氏を28万もの軍勢で征伐したもので、「合戦」というより「軍事パフォーマンス」に近いものでした。

頼朝が武士のトップになれたのは天皇の子孫でもあるすぐれた血筋のおかげ。平氏に不満を持つ武士が担ぎ上げるには絶好の存在だったのです。あと、戦に負けてもなぜか勝者から目こぼしされて助かるという運のよさも影響していると思います。頼朝は最期まで武士らしくなく、死因も「落馬」といわれています。病で体調を崩し落馬したという説も有力ですが、武家の棟梁が「落馬」とはあまりに恥なので、幕府の公的史料とされる『吾妻鏡』には、死因について触れられていません。

MINAMOTONO YORITOMO

45

人物名・プロフィール

ここで紹介する人物の名前や簡単なプロフィール、生きた時代を紹介していきます。

イラスト紹介

人物たちの個性を表したイラストで人物の特徴をわかりやすく紹介していきます。

※表紙で使用している家紋は、登場する歴史人物とは関係ありません。

の戦国武将

対立
反織田氏
上杉謙信
川中島の戦いで
対立
ライバル！
女は
いらん！
酒をくれ！
武田信玄
天台座主
沙門だぞ！
北条早雲
連携
マウント
とるよ！
今川義元
裏切り
裏切り
毛利元就
和睦
荒木村重
松永久秀
酒は飲め
飲め、わしゃ
いらん
一時臣従
龍造寺隆信
一時臣従
大内義隆

第一章 群雄割拠時代

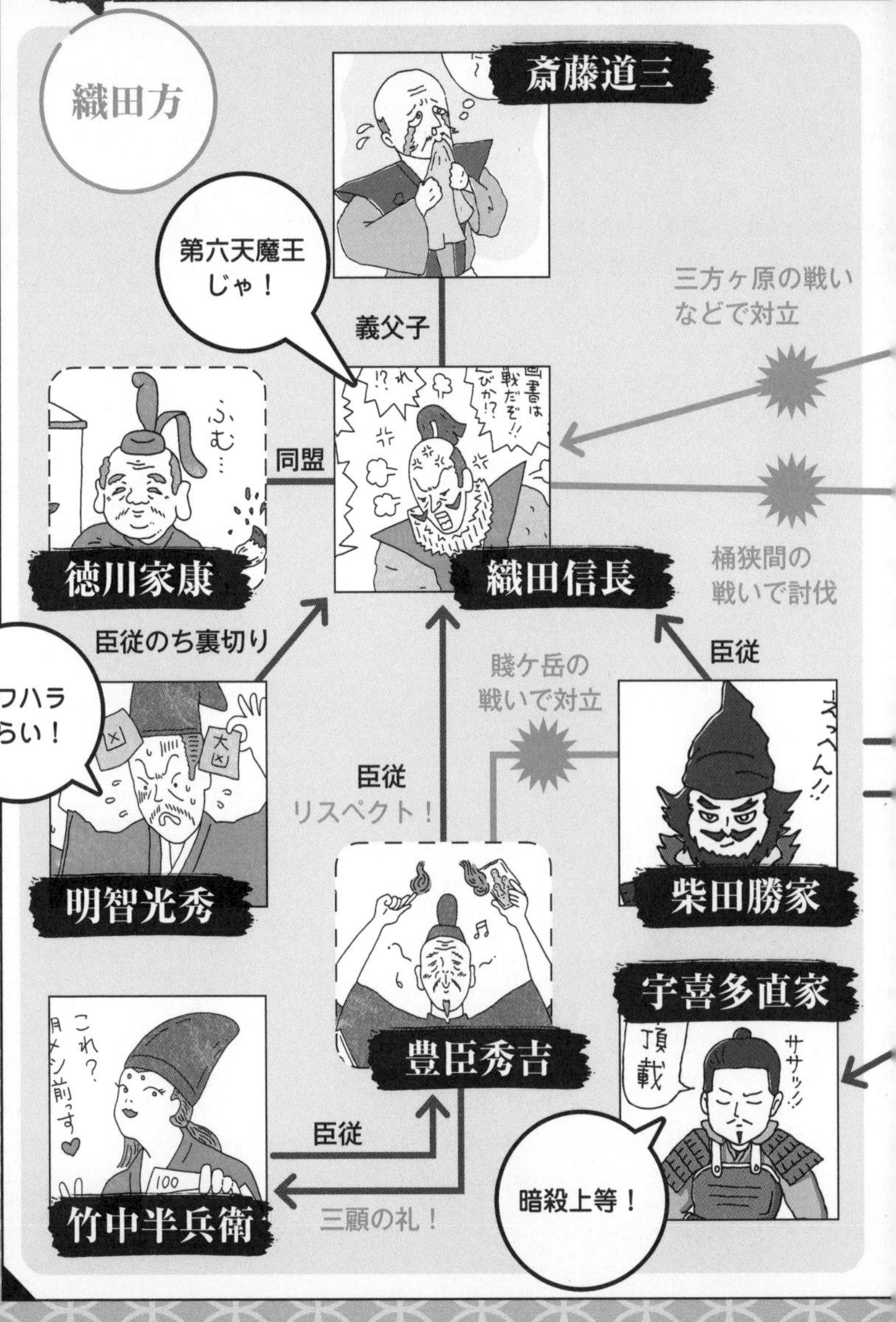

織田方
斎藤道三
第六天魔王
じゃ!
義父子
三方ヶ原の戦い
などで対立
ふむ…
同盟
徳川家康
織田信長
桶狭間の
戦いで討伐
臣従のち裏切り
臣従
賤ケ岳の
戦いで対立
パワハラ
きらい!
臣従
リスペクト!
明智光秀
柴田勝家
宇喜多直家
豊臣秀吉
臣従
三顧の礼!
竹中半兵衛
暗殺上等!

実は「北条氏」ではない

元々結構偉かったし本来の姓は伊勢だった

戦国時代の武将（一）

北《ほう》条《じょう》早《そう》雲《うん》

幕府の元官僚。妹の嫁ぎ先・今川氏の家督争いを収めた功績で興国寺城を得る。のちに堀越公方足利茶々丸を討って伊豆国（静岡県東南部）を得、さらに小田原城を獲得し関東に拠点を構えて後北条氏発展の礎を築いた。

享年

88歳

（1432〜1519）

「北条」の姓にあやかって名乗ったとされる武将

北条早雲は「最初の戦国大名」とも呼ばれています。戦国初期に活躍した、ということに加え、一介の素浪人から今川家に入り込み、のちに伊豆、小田原へと領土を広げていった様子が「下剋上の代名詞」のようにとらえられたからでしょう。

しかし、「一介の素浪人から出世した」とする伝説は、もはや一昔前のものとなっています。今では、早雲は幕府で将軍の側近などとして活躍していた、それなりの地位にあった武将だというのが定説になりつつあります。

また、小田原城を攻略した際に、当時の城主と仲良くなって、鹿狩りと称して家臣を城内に入れ、夜襲をかけて一気に城を奪ったという話もあります。

ちなみに、早雲自身は「北条」姓は名乗っておらず、姓は「伊勢」でした。「北条」姓は子の氏綱の時代に、鎌倉幕府の執権「北条」氏にあやかって名乗ったとされています。関東を制するにはもってこいの姓ですからね。

北条氏と敵対した関東管領上杉氏は、認めず、「伊勢」と呼び続けていました。

「戦国最強」の異名を持つ

信長とレスバトルを展開した悪名高き武将

武《たけ》田《だ》信《しん》玄《げん》

源氏の傍流で、代々甲斐国（山梨県）守護に任じられてきた名門・武田氏の家督を継いだ戦国大名。信濃国（長野県）、駿河国（静岡県中部）などへ領土を広げた。分国法の制定や土木事業など内政にも力を発揮した。

享年

53歳

（1521～1573）

自分の子どもにも手をかけた性悪な性格

戦国最強と恐れられた武田信玄。しかし、実際の信玄は、人間的にはひどい人だったように思えます。なんといっても手段を選びません。父を追放して甲斐国の当主となり、いうことを聞かなくなった長男を自害に追い込み、自分が滅ぼした武将の娘を嫁にする、とか、現代の感覚ではちょっとあり得ない気がしますよね。

信玄といえば、信長との「レスバトル」が有名です。信長が悪名高い延暦寺焼き討ちを行った時、僧侶らに頼られた信玄は、信長に非難の手紙を書き、「天台座主沙門」と署名しました。「天台宗のトップの修行者」といった意味の偉そうな肩書です。すると信長は、返信に「第六天魔王」という、これまた偉そうな仏敵の名を署名します。戦国武将同士の意地の張り合いですが、まるで子どもの喧嘩のようにも見えます。こののち、武田氏は反信長の動きを鮮明にしますが、信玄が陣中で病没したため、信長との直接対決には至りませんでした。仏教の保護者のほうが天罰を受けたかのような形になったのは、それ以前の行いのせいなのかもしれませんね。

武田信玄の最強ライバル

えっちもガマンして正義のために尽くす

戦国時代の武将（一）

上《うえ》杉《すぎ》謙《けん》信《しん》

当初は長尾景虎などと名乗る。兄から譲られ長尾氏の家督を継ぎ、越後国（新潟県）を統一。北条氏と対立した上杉憲政を助け、上杉姓と関東管領職を継いだ。信長の天下取りを阻む存在となるも、志半ばで病没する。

享年
49歳
（1530〜1578）

浮いた話がまったくない ストイックな人間

「義の武将」上杉謙信。関東の武将に頼られれば、越後から山を越えて北条氏と戦い、信濃の武将に頼られれば、戦国最強といわれる武田軍と川中島で刃を合わせます。自身の領土拡張などは思わず、「義」を尽くすために戦い抜いた、といわれていますが、それでは本人はよくても、部下は不満だったのではないでしょうか。（実際に謙信の配下には謀反を何度も起こした人物がいます）

また、謙信は、毎日仏に祈りを欠かさず、精進潔斎を旨とし、女性を一切近づけない非常にストイックな性格だったといわれています。事実、妻子はいません。側室を多数持つことが普通だった戦国大名にしては、実に稀有《けう》な存在といえましょう。あまりに女性に関心を示さなかったので、「実は女性では？」などという説もあるくらいですが、もちろん、確固とした根拠はなく、推測の域を出ません。

まるで僧侶のような生活の謙信ですが、酒だけは大量に飲みました。好きな肴《さかな》は梅干しです。最期は高血圧に由来する脳出血で突然死したと考えられています。

「天下布武」を唱えた

ワイルドでねちっこい戦国一のブラック上司

戦国時代の武将（一）

織《お》田《だ》信《のぶ》長《なが》

尾張国（愛知県西部）の有力武将の嫡男。尾張国、美濃国（岐阜県）を制したのち、足利義昭を奉じて入京。以後、反対勢力と戦い、関東から近畿に至る地域を平定して天下統一へあと一歩と迫るも、本能寺の変で自害。

享年

49歳

（1534～1582）

この企画書は何じゃ!? 戦だぞ!! ガキの遊びか!?
責任取れるんか!?
腹切れるんか!?
一回死んでみるか!?

子どもの頃から武将を彷彿とさせるやんちゃっぷり

戦国の世を颯爽《さっそう》と駆け抜けた覇王・織田信長。「好きな戦国武将ランキング」などでは、必ず上位にランクインする人気者でもあります。

若い頃、「大うつけ（大の愚か者）」と呼ばれていたというやんちゃな一面があるのも有名ですね。信長の家来・太田牛一が書いた『信長公記』には、袖を外した湯《ゆ》帷子《かたびら》を着ていたとありますから、まるでスギちゃんばりのワイルドさ。さらに、腰に火打ち袋などいろいろなものをぶら下げて、朱色の大きな太刀をさし、髪は赤や萌黄色の糸で縛って茶筅《ちゃせん》風の髷《まげ》を結っていたといいます。そのスタイルで仲間によりかかって町を練り歩きながら、柿やクリ、餅などをかぶりついていた、今でも街でたまに見かけるヤンキー少年に近いものがありますね。

とはいえ、同じ『信長公記』に、子どもの頃には「他の遊びをすることもなく、朝夕乗馬の稽古ばかりしており、3月から9月までは泳ぎの稽古をして達人となった」とありますから、根は真面目だったのかもしれません。

部下も離れるほどの誰に対しても超厳しい上司

成長した信長も、とにかく「派手好き」や「新しいもの好き」として有名ですが、戦国大名としての信長の性格は至って真面目です。

信長は、ある日、将軍・足利義昭に高圧的な意見書を送り付け、対立を決定的なものにしました。その意見書は、なんと17条にも及ぶもので、義昭の将軍としての振る舞いや、市中での評判を厳しく批判しています。義昭自身にも問題はあったのでしょうが、信長が非常に世間体を気にしていたことがわかります。義昭の評判が落ちれば、それを支えてきた信長の評価にも影響が出るわけですからね。しかし、義昭は信長の説教には耳を貸さず、二人は争うことになったのでした。

根は超真面目であるが故の信長の人との向き合い方

そんなところにも真面目というか、几帳面というか、ある意味、粘着質な面が出ている気がします、しかも、その2年半ほど前にも5カ条の書状を送り、「手紙を出す時には事前に信長にその旨を聞かせなさい」など、かなりこまごまとしたことを規定しているのです。

また、家臣の佐久間信盛父子を失脚させた時には、自筆でめちゃ長い書状を送ったそうです。これには「お前ら父子は5年の間、よくも悪くも働きがなかった……」という内容にはじまる19カ条に及ぶダメ出しが綴《つづ》られています。佐久間信盛は尾張時代からの信長の重臣です。30年にわたって仕えた主に、最後は説教されて追放される……信盛もかなり落ち込んだことでしょう。

信長は自分に厳しく、他人にはもっと厳しいタイプで、戦国大名としては類いまれなる能力を持っていましたが、上司としてはブラックそのもの。信長を裏切った明智光秀も、もしかしたらブラックな労働環境に耐えきれなかったのかもしれません。

戦国時代きっての出世頭

健康重視で禁酒した家族思いの頼れるパパ

戦国時代の武将（一）

毛《もう》利《り》元《もと》就《なり》

そもそも ワシらの 若い頃は のぅ…
あーで、こーで そーでもなく、こーでもなく、こーなって… つまり お主らは まだまだ あーだ こーだ…
はじまったよ…
長げーよ
メシ冷めるよ…

尼子氏、大内氏という大大名が勢力を競う中国地方の小勢力から成り上がり、やがて両者を凌駕し、中国地方をまるごと制した稀代の下剋上戦国大名。次男、三男を吉川氏、小早川氏の養子とし、盤石な体制を築いた。

享年
75歳
（1497〜1571）

家族の絆を大事にした愛のある父親

中国全土を支配した毛利元就ですが、元は国人層の次男坊で、当初は家督も継げず、母や父にも早くに死なれ、「みなし子」同然だったと本人もいっています。そんな寂しい境遇を経験したからか、元就は家臣を大切にし、時には酒などもふるまったそうです。とはいえ、元就本人はほとんど酒を飲まなかったといわれています。歴代当主が酒が原因で病死したため、自身は慎んだのだそうです。

また、家族の結束を重んじたことも有名で、三人の息子の結束を促した自筆の手紙は15条にも及ぶ長～いものでした。この手紙が元になって有名な「三本の矢」の伝説が生まれたといわれています。子どもたちに「矢は一本ならすぐ折れるが、三本なら折れない」と諭したというやつですね。

そんなふうに家族を大切にした元就ですが、長男・隆元には先に死なれてしまいます。隆元は父親のプレッシャーに耐えきれなかったのかもしれませんね。隆元の死に元就は号泣したそうです。時に厳しいけど、愛のあるお父さんだったようです。

海道一の弓取りといわれた

貴族趣味のお歯黒武将 必殺技は噛みつき芸

戦国時代の武将（一）

今《いま》川《がわ》義《よし》元《もと》

駿河国（静岡県中部）を拠点とする大大名。今川氏の三男として生まれ、家督争いののちに当主となる。武田、北条と同盟して、遠江国（静岡県西部）や三河国（愛知県東部）も実質的に支配。内政にも手腕を発揮した。

享年

42歳

（1519～1560）

人とは異なるブランディングで確固たる地位を確立

今川氏は足利将軍家の傍流で、成り上がりではなく、幕府から代々正式に駿河国の守護職に任じられてきた、いわば名門中の名門です。

そのせいもあってか、今川義元は、常々「武将」というより「貴族」っぽく振る舞っていたようです。戦でも馬ではなく、輿《こし》に乗っていましたし、お歯黒までしていたといいます。まるで貴族そのものです。

ただし、これらは単なる「貴族趣味」ではなく、周りに「自分はすごいんだ、名門なんだ」ということをアピールする、パフォーマンス的な意味合いも強かったと思います。一種のブランディングですね。義元は、自分が成り上がりの武将たちとは違うんだというアピールに長けていたのだと思います。

なので、「貴族趣味だから、武将としては雑魚」というわけではありません。政治家としてはもちろん、武勇にもすぐれていたといわれています。桶狭間で討たれる前にも敵の武将を切り倒したり、指を噛みちぎったりしたと伝えられています。

五州二島の太守と呼ばれた

怪力バトル・ベアの娯楽はキリシタン狩り

戦国時代の武将（一）

龍《りゅう》造《ぞう》寺《じ》隆《たか》信《のぶ》

元はお寺の小僧だったが、のちに還俗して小勢力だった龍造寺家を継ぐ。やがて肥前国（佐賀県）を統一し、筑後・筑前国（福岡県）や肥後国（熊本県）などへ領土を拡張、大勢力を築いた。沖田畷の戦いで戦死。

享年

56歳

（1529〜1584）

あまりの肥満で馬に乗れず輿で移動

「肥前の熊」と恐れられた戦国大名・龍造寺隆信。元は少《しょう》弐《に》氏や大内氏に属する国人でしかなかった龍造寺氏を島津、大友と九州を三分する大勢力にまで成長させたのですから、すごい力のある戦国武将だったといえます。

幼い頃は寺に預けられていましたが、その頃、うっかり巨大な寺の門を壊してしまい、数名の民衆を下敷きにしてしまったという逸話も残っています。そう、文字通り「力のある」武将だったわけです。しかも、肖像画などを見ても、かなり肥満だったようで、まさに「熊」そのもの！　あまりに太っていたので、馬に乗れず、6人でかつぐ輿に乗って出陣したといわれています。

一方、隆信はキリスト教を嫌っていたようで、「戦に勝ったら娯楽として（キリスト教の宣教師たちを）十字架に張り付けて処刑してやる」と豪語していたと、外国人宣教師の残した書物に書かれています。宣教師らの切なる願いが通じたのか、その後隆信は、島津氏らとの戦に敗れ、討ち死にしています。

ミスター下剋上？

実は油売りの商人ではなかったことが判明！

戦国時代の武将（一）

斎《さい》藤《とう》道《どう》三《さん》

美濃国（岐阜県）の武将。美濃国守護・土岐氏に仕える長井氏の家臣だったが、徐々に頭角を現し、守護代斎藤家の名跡を継ぐ。やがて土岐氏を追放して美濃国で実権を握る。引退後、子の義龍と対立し長良川で戦死した。

享年

？歳

（？〜1556）

さまざまな逸話が飛び交う 不思議な武将

一介の油売りから身を起こし、ついには美濃国一国を手中に収めた斎藤道三。下剋上の代表のようにいわれ、司馬遼太郎の『国盗り物語』で描かれ、ＮＨＫの大河ドラマの主人公にもなりました。

ところが、近年ではこれは誤りであったとするのが定説となっています。地侍の子として生まれ、寺に預けられたのち油屋の婿養子となり、やがて美濃国守護の重臣の目に留まり武士として出世の階段を上りはじめる、という一番ドラマチックな部分は、実は道三の父の逸話で、道三自体は美濃国守護の重臣に仕える武士としてスタートしたようです。しかし、その後、守護代斎藤家の名跡を継ぎ、守護・土岐氏を追放して美濃国の実権を握ったのは、道三の実績と見て間違いないでしょう。

道三は「大うつけ」信長の素質を見込み、娘を嫁にやったことでも知られていますが、実の息子・高政（のちの一色義龍）とは仲が悪く、最期は高政と戦って戦死しています。

「裏切り者」の代名詞

世紀の裏切りの理由は やはり怨恨説が濃厚か

戦国時代の武将（一）

明《あけ》智《ち》光《みつ》秀《ひで》

美濃国（岐阜県）出身ともいう。のちに越前国（福井県北部）の朝倉義景に仕え、同地にいた足利義昭と織田信長を仲介した。その後、信長の家臣として頭角を現し、坂本城を築く。本能寺の変後、秀吉の軍勢に敗れた。

享年

？歳

（？～1582）

信長のパワハラに恨みを持ち最終的に裏切った

本能寺の変で主君・信長を倒すという戦国最大の裏切り劇を演じた明智光秀。あまりに衝撃的なことをしでかしてしまったがために、いつどこで生まれたのかなどの記録は抹殺されてしまい、有名な割に非常に謎の多い武将となっています。

ところで、なぜ、光秀は信長を裏切ったのでしょうか？　さまざまな説がささやかれていますね。自ら天下を治めようとしたという「野望説」、実は朝廷や将軍足利義昭らの指示だったとする「黒幕説」、四国征伐に関する意見の相違から起こったとする説など、いろいろありますが……個人的には、信長を恨んでいた、という「怨恨説」を推しますね。無理難題を押し付ける、人前でもどつく、いいように領地替えするなど、信長のパワハラは、それはそれはひどいものでしたから。

ちなみに光秀は、本能寺に行く数日前にくじを引いています。三回引いてすべて凶だったとか、大吉が出るまで引いたともいわれていますが、『信長公記』には「二度三度を取り」とあるだけで、くじの結果には触れられていません。

戦国時代の武将（一）

秀吉を支えた頭脳派武将

小便まみれの伝説を持つ謎多き天才軍師

竹《たけ》中《なか》半《はん》兵《べ》衛《え》

美濃国（岐阜県）出身。斎藤道三の子・義龍に仕えていたとされる。主君の居城・稲葉山城を数名で落としたとする伝説が有名。のちに秀吉に仕え、軍師として活躍したが、病弱のため、若くして死去した。本名は重治。

享年

36？歳

（1544？～1579）

数々の偉大な成功の裏にも失敗はあり

黒田官兵衛とともに秀吉に軍師として仕え「二兵衛」と呼ばれた天才軍師。見た目が女性っぽくて馬鹿にされていて、おしっこをひっかけられたことすらあるのですが、やがて策を弄して数名で城を奪うなどの離れ業を成し遂げ、秀吉に三顧の礼で迎えられたという逸話があります。しかし、その逸話を裏付ける良質な史料は乏しく、多くは後世につくられた伝説ではないかと思われます。

ちなみに、黒田官兵衛が、造反した荒木村重の説得に失敗した時、信長は官兵衛も裏切ったと思い込み、罰として官兵衛の子を殺せと命令しましたが、半兵衛はこっそりその子を匿い、生き残らせたとされます。この子がのちに福岡藩主となる黒田長政なので、黒田家が存続できたのは半兵衛のおかげ、ということになりますね。

さて、伝説化された部分が強く、実態は謎に包まれている竹中半兵衛ですが、実在したのは事実のようです。約３００年後の江戸幕末期に起こった鳥羽・伏見の戦いで旧幕府軍を率いた竹中重固《しげかた》は半兵衛の子孫とされています。

スゴ腕武将であり文化人

国際交流に目覚めたが部下には嫌われた

戦国時代の武将（一）

大《おお》内《うち》義《よし》隆《たか》

父の死後、大内家の家督を継ぎ、山口を拠点として、中国地方から九州北部に至る地を支配下に置き、7カ国もの守護を兼任した。キリスト教の布教を許すなど文化面でも大いに活躍。最期は家臣の謀反により自害した。

享年

45歳

（1507〜1551）

日本の伝統だけでなく海外への知見も大切にしていた男

中国地方から九州北部に至るまでの広大な地を領した大内義隆。かつては毛利元就や龍造寺隆信もその配下に属していたということを考えただけでも、その勢力のすごさがわかりますね。

大内氏のすごかったところは、世界に目を向けていたところではないでしょうか。中国（明）や朝鮮との貿易を熱心に行ったほか、ザビエルにも会い、西洋文化の吸収も熱心に進めていきます。

一方で京の公家や僧侶などを領内で積極的に保護し京文化を本拠・山口の地に根付かせてもいます。日本の伝統と海外の知見の両方を大切にしていたわけですね。

義隆は、宿敵・尼子氏との決戦に敗れてから、戦いに嫌気がさして文化人の道を進み、武断派の重臣・陶晴賢《おえはるかた》に裏切られ自害したといわれていますが、近年の研究では、敗戦後も積極的に領土を拡大しており、この通説には疑問が持たれています。もしかしたら、文武に秀でた名将だったと再評価される日は近いかもしれません。

「天下の梟雄」と呼ばれた

文化人なのに悪者扱い ディスられすぎの武将

戦国時代の武将（一）

松《まつ》永《なが》久《ひさ》秀《ひで》

京の実力者となった三好長慶の家臣として頭角を現し、のちに主家を上回る権力を得た。大和国（奈良県）を本拠とし、入京後の信長に仕えた。しかし、二度も信長を裏切り、最期は信長に攻められ、自害した。

享年
68歳
（1510〜1577）

とんでもない悪事を働く悪者として名を馳せた

「天下の梟雄《きょうゆう》」と呼ばれた松永久秀は、①主家を乗っ取り、②将軍を殺害し、③東大寺を焼き討ちして大仏を焼くという「三大悪事」を行った、とんでもない悪者として有名でした。しかし、近年は久秀のイメージは大きく変わりつつあります。

まず、①主家乗っ取りに関し、主君三好家の人々を暗殺したなどとささやかれていますが、ほとんど証拠はありません。②13代将軍・足利義輝《よしてる》を殺害したともいわれていますが、実際に手を下したのは子の久通らで、久秀はむしろ止める側だったともいわれています。また、③東大寺焼き討ちに関しても、戦火が飛び火しただけで東大寺を狙ったわけではない、とする史料もあります。いずれも諸説あるのですが、「とんでもない悪者」というのは後世貼られたレッテルなのかもしれませんね。

茶器の収集や鑑定に秀でた文化人だったともいわれていますが、しまいにはその大切な茶器（平蜘蛛と呼ばれる名器）に爆薬を詰め込んで自爆したという、トンデモない逸話までつくられています。

ヒゲ面の猛将

愚直＆武骨なようでズルいところもある

戦国時代の武将（一）

柴《しば》田《た》勝《かつ》家《いえ》

丹羽長秀とともに織田家の重臣といわれた武将。北陸の平定などに活躍した。信長の死後は豊臣秀吉と後継の地位を争った。信長の死後、信長の妹・お市を娶《めと》ったが、賤ケ岳の戦いで秀吉に敗れ、お市とともに自刃した。

享年

62？歳

（1522？～1583）

信長に戦を仕掛けたこともある

織田家きっての猛将・柴田勝家。六角氏の城攻めにあい、城内が水不足に陥った時、あえて武将たちの見つめる前で水の入った瓶を割り、退路を断って兵士らに決死の出陣を促したというエピソードから「瓶割り柴田」の異名があります。肖像画などもヒゲぼうぼうな姿で描かれており、実際武骨な武将だったのでしょう。

「信長麾下《きか》第一の猛将」などと称えられる勝家ですが、実は最初から信長の部下だったわけではありません。元は信長の弟・信勝（達成・信成）に仕える武将でした。ただし、弟といっても、当時は織田家の権力を争うライバル関係であり、兄弟で戦も行っています。実はその戦を仕向けたのは勝家ともいわれているくらいなのです。

しかし、戦に敗れると、信勝とともに信長に降参。この頃、勝家はすでに信勝を見限っていたようで……再び信勝が謀反を起こすと、勝家はそれを信長に密告。信勝は殺され、以後、勝家は信長に重用されたといわれています。この逸話が本当なら、最初は武骨どころか、狡猾《こうかつ》なところのある武将だったのかもしれませんね。

備前にこの武将あり

毒も、アレも使います
サイコパス戦国武将

戦国時代の武将（一）

宇《う》喜《き》多《た》直《なお》家《いえ》

備前国（岡山県南東部）を拠点とする浦上氏に仕える武将だったが、やがて毛利と結んで浦上を追放。備前国の実権を握る。その前後、毛利とは対立、同盟を繰り返したが、のちに織田方に帰順し、毛利と再び対立した。

享年
53歳
（1529〜1581）

多くの暗殺の逸話がある サイコパス説

備前国に強大な勢力を築いた宇喜多直家。元々は備前国の戦国大名浦上家の一家臣でしかなかったわけですが、勢力拡大のためには主君であろうと、舅《しゅうと》であろうと、裏切っては毒殺、銃殺、惨殺を繰り返すというサイコパスな悪行の果てに戦国大名としての地位を築いた「梟雄」……として有名ですが、評価は後世に大きく歪められたものであることがわかっています。直家には、敵と婚姻関係を結んで油断させたところで暗殺したり、男色趣味のある武将にイケメンの刺客を送り込んで暗殺させたり、ありとあらゆるモノを使って敵を暗殺したという逸話がたくさんあります。しかしこれらもほとんどが後世の創作で、「梟雄」宇喜多直家を彩るために、どんどんと話が盛られていったようなのです。

とはいえ、直家がただの武将だったかと、そういうわけでもなく、浦上家の一家臣から独立し、敵対者を次々と滅ぼして毛利家や織田家と渡り合ったのは事実。近年再評価が進んでいる松永久秀のように、直家の活躍が見直される日は近いです。

一代で栄枯盛衰を極めた

妻子も、城も捨てて守ったのは自分の命

戦国時代の武将（一）

荒《あら》木《き》村《むら》重《しげ》

摂津国（大阪府北西部・兵庫県南東部）の武将。最初池田氏、続いて織田氏に仕えて戦功を挙げ、摂津一国を領するようになった。のちに本願寺や毛利氏と組んで信長に謀反を企てる。敗れて逃亡したのち茶人となる。

享年

52歳

（1535〜1586）

一代で天下と衰退を経験した珍武将

荒木村重ほど、ジェットコースターのように一代で栄枯盛衰を極めた人物も珍しいのではないでしょうか。元は摂津国の池田氏に仕える一武将にすぎなかったのですが、やがて信長の配下となり、数々の戦で武勲を挙げ、その結果、ついには摂津国一国を賜り「一国一城の主」にまで成り上がっています。

ところが、今度は謀反を疑われたため、信長に反旗を翻します。戦いは約10カ月に及びましたが、やがて信長の兵糧攻めに抗しきれず、妻や家臣を見捨てて脱出。残された妻子や家臣らは見せしめのため、信長によって惨殺されてしまいます。

その後は、なんと刀を捨て出家したのち、茶人「道薫」として名を挙げます。信長の死後、秀吉にも仕え、千利休の高弟「利休七哲」に数えられることもあります。妻や子どもを見殺しにしたことを恥じて「道糞」（＝道端の糞）と名乗っていたという俗説がありますが、作り話の可能性が高いです。秀吉の家臣たちからは「道薫様」などと呼ばれ、茶人になってからはむしろ堂々と振る舞っていたように思えます。

トンデモ武将

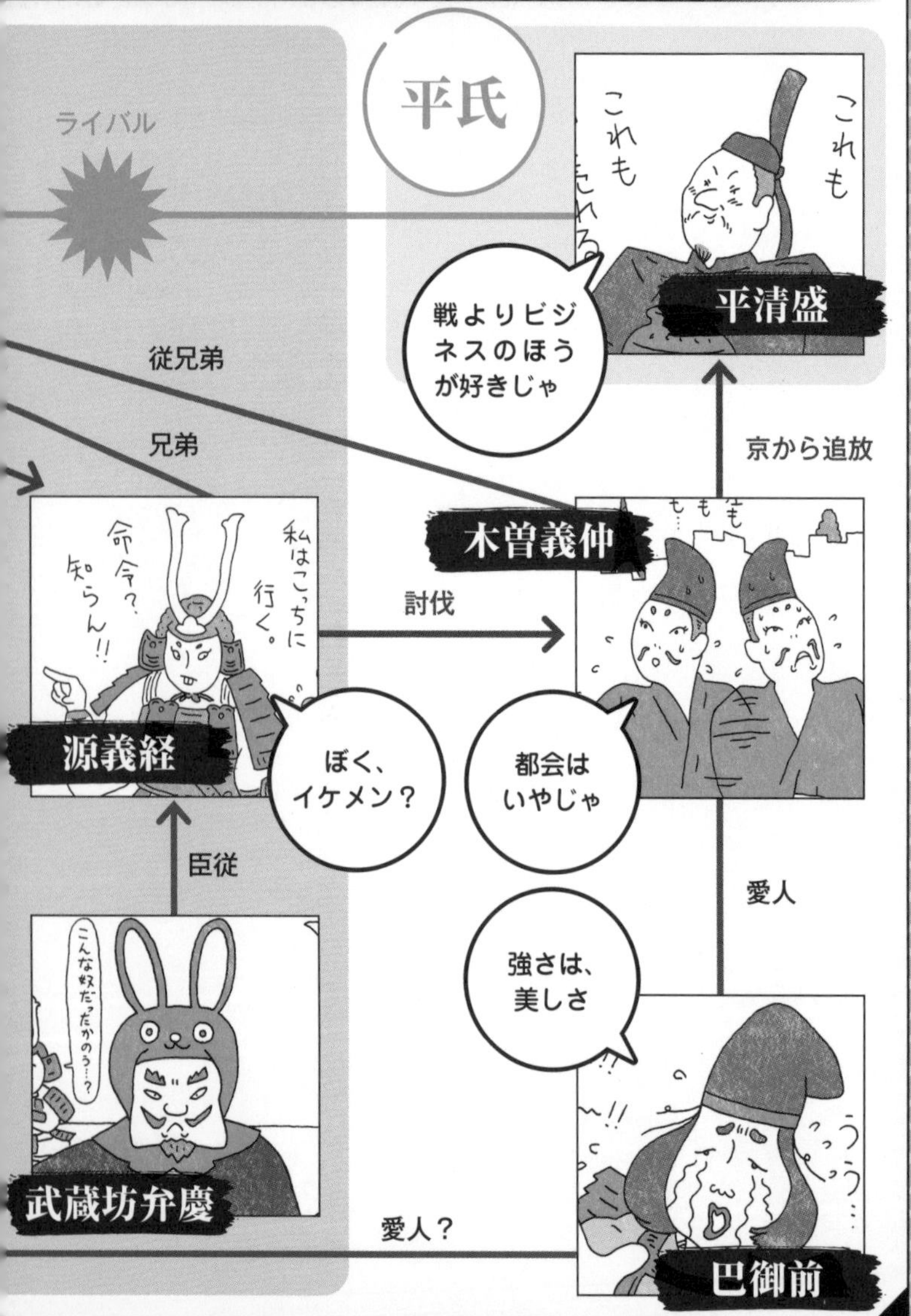

平氏
ライバル
これも
これも
平清盛
戦よりビジネスのほうが好きじゃ
従兄弟
兄弟
京から追放
木曽義仲
討伐
私はこっちに行く。
命令？知らん!!
源義経
ぼく、イケメン？
都会はいやじゃ
臣従
愛人
強さは、美しさ
こんな奴だったかのう…？
武蔵坊弁慶
愛人？
巴御前

第二章 鎌倉時代の

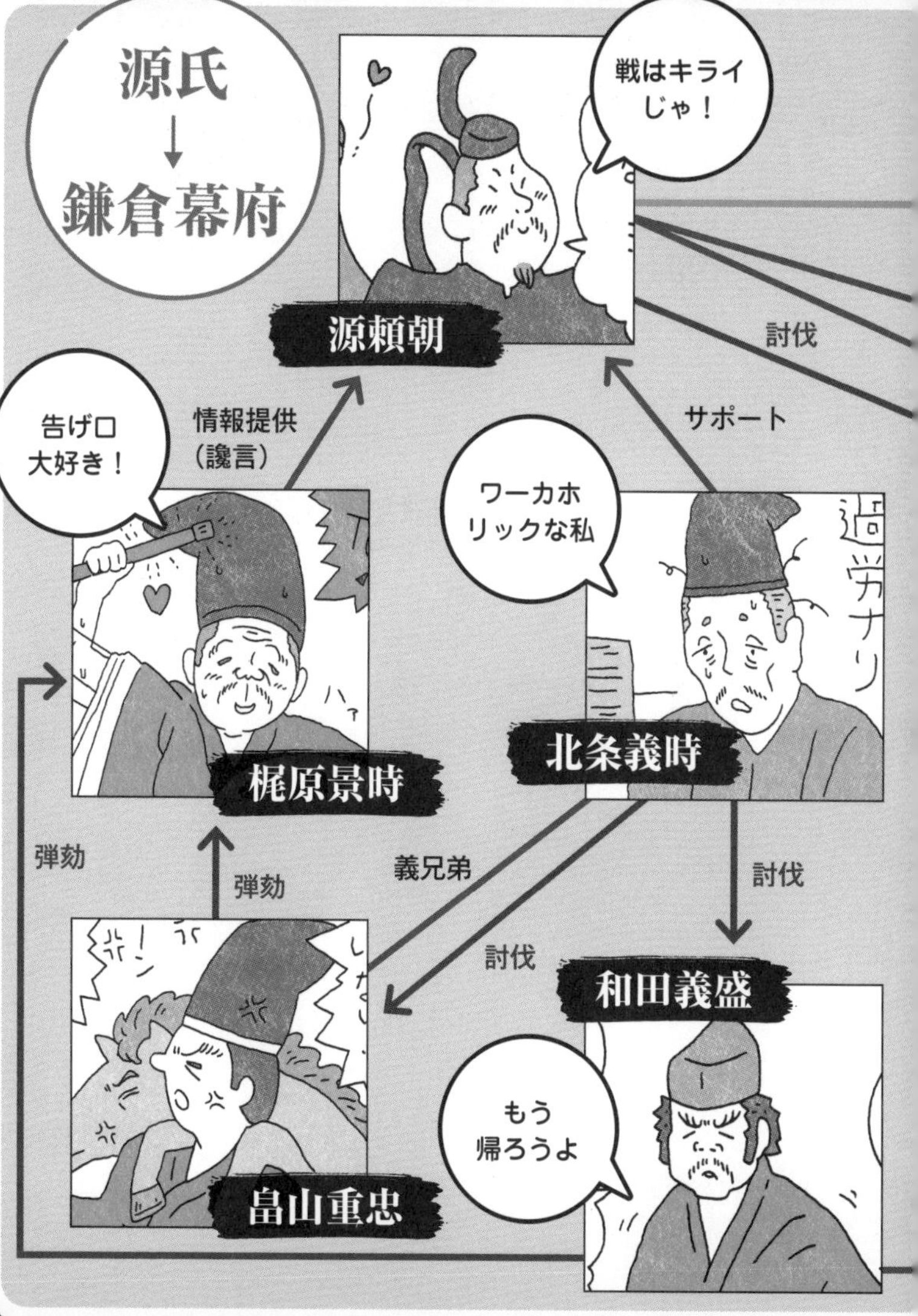

源氏
↓
鎌倉幕府
戦はキライじゃ！
源頼朝
討伐
情報提供（讒言）
サポート
告げ口大好き！
ワーカホリックな私
過労ナリ
梶原景時
北条義時
弾劾
弾劾
義兄弟
討伐
討伐
和田義盛
畠山重忠
もう帰ろうよ

武士の世をつくった流人

武士らしくはないが運には恵まれていた

鎌倉時代の武士

源頼朝《みなもとのよりとも》

鎌倉幕府の初代将軍。源氏の棟梁・源義朝の嫡男として育ったが、平治の乱で源氏が敗れ、伊豆に流された。この地で北条時政の保護を受け、娘の政子と結婚。のちに挙兵して平家を倒し、鎌倉幕府を開いた。

享年

53歳

(1147〜1199)

戦に負けても勝利をつかむ豪運な男

初の本格的な武家政権・鎌倉幕府をつくった源頼朝。まさに「キング・オブ・武士」といった人物のように思えますが、実際に頼朝が合戦に参加したのはわずか4回ほど。内訳は「平治の乱→大敗」「山木館襲撃→成功」「石橋山の戦い→大敗」「奥州征伐→大勝」の2勝2敗のタイ。とはいえ、「山木館襲撃」は平家方の武将宅を奇襲しただけですし、奥州征伐は弱体化した奥州藤原氏を28万もの軍勢で征伐したもので、「合戦」というより「軍事パフォーマンス」に近いものでした。

頼朝が武士のトップになれたのは天皇の子孫でもあるすぐれた血筋のおかげ。平氏に不満を持つ武士が担ぎ上げるには絶好の存在だったのです。あと、戦に負けてもなぜか勝者から目こぼしされて助かるという運のよさも影響していると思います。頼朝は最期まで武士らしくなく、死因も「落馬」といわれています。病で体調を崩して落馬したという説も有力ですが、武家の棟梁が「落馬」とはあまりに恥なので、幕府の公的史料とされる『吾妻鏡』には、死因について触れられていません。

一度の勝利で権力の頂点に

武力よりも財力重視のビジネスライクな武将

鎌倉時代の武士

平《たいらの》清《きよ》盛《もり》

皇族や摂関家の争いが元で起こった「保元・平治の乱」で勝利。その後、異例の出世を遂げ、武士として初の太政大臣となる。また、娘を入内させ、生まれた孫を安徳天皇として即位させ、権力の頂点を極めた。

享年

64歳

（1118〜1181）

地位と権力、そして財力を手中に収めた

一介の武士から権力の頂点を極めた平清盛。とはいえ、彼が武士として会心の勝利を飾ったのは、源氏一族を破った平治の乱の一度きりといわれています。その前の保元の乱でも勝利に貢献はしましたが、その時は源義朝らの活躍も大きかったので、「清盛の殊勲」といえるほどではなかったようです。

いずれにせよ、保元・平治の乱で活躍したことで出世の階段を駆け上がり出した清盛は、その後、蓮華《れんげ》王院（三十三間堂）を造営するなどして、権力者である後白河上皇に取り入り、瞬く間に太政大臣にのし上がります。さらには娘を入内させて、天皇の外祖父となり、権力の頂点を極めました。つまり、清盛が出世を果したのは、戦での勝利に加え、権力者に取り入るだけの「財力」があったことが大きいといえます。父の代から中国（宋）との貿易をしてきたことが大きいですね。

やがて清盛は、太政大臣を辞して日宋貿易の拠点でもある福原へ移ります。現代なら、総理大臣をやめて、会社経営の道を選んだ、みたいな感じでしょうか。

源平合戦の最高殊勲選手

背も低く、出っ歯で、後先考えないタイプ

鎌倉時代の武士

源《みなもとの》義《よし》経《つね》

源頼朝の腹違いの弟。幼名「牛若丸」としても有名。天狗に武術を習った、などの伝説も多いが、幼年期の実情は不明な点が多い。平家を倒すという大殊勲を挙げたが、兄・頼朝と仲違いし、悲運の自害を遂げた。

享年

31歳

(1159〜1189)

自分勝手な行動の末に まわりを巻き込み兄弟喧嘩勃発

源平合戦で平家を破ったMVPはなんといっても源義経でしょう。一の谷や屋島の奇襲戦などで抜群の軍事的才能を発揮しました。義経は、マンガやドラマでは二枚目に描かれることが多いようですが、実際にはどうでしょう？『平家物語』には「背が小さい男で、色が白く、前歯が少し出っぱっている」という平家方の武将の言葉が出てきます。しょせん軍記物に登場する台詞ですし、信ぴょう性は薄いのですが、当時も特別イケメンという扱いは受けていなかったように思えます。

なお、ドラマなどでは壇ノ浦の戦いで民間の水夫らを攻撃した卑怯な面もあると描かれることも多いのですが、これは根拠が薄く、創作の可能性が高いようです。

義経は、基本「イケイケドンドンの現場主義」で周囲のことや後先を考えずに突っ走ってしまうところがあります。そして法皇のお気に入りとなり、頼朝の許可も得ずに官位を得たことなどから頼朝と対立。壮大なる兄弟喧嘩の末に自害に追い込まれます。戦は天才的ながら集団行動が苦手な男、といったところでしょう。

義経LOVEの大男

ちゃんと実在していた超怪力で僧形の武将

鎌倉時代の武士

武《む》蔵《さし》坊《ぼう》弁《べん》慶《けい》

源義経の腹心の部下。僧形で怪力の豪傑とされる。源平合戦はもとより、義経が頼朝と不和になって奥州に落ち延びた時も、常に近くに仕えていたという。最期は義経を守りながら立ったままあの世へ行ったとされる。

享年

？歳

（？～1189？）

義経との真の友情物語!?

源義経の家臣として、おそらく一番有名なのが、武蔵坊弁慶でしょう。京の五条の橋の上で武将らに喧嘩をふっかけ、勝って武器を奪うことで、合計千本の武器を集めようとしましたが、千人目の相手である若き源義経（牛若丸）に敗れ、子分になった、という話は有名ですね。かつては童謡にもなりました。また、義経らが敵に囲まれた時に最後まで義経を守り、全身に敵の矢を受けながら立ったまま絶命したという「弁慶の立ち往生」の話もよく知られていますね。

しかし、これらの話は主に室町時代以降につくられた創作だといわれています。実際の弁慶の姿はほとんどわかっていません。ただし、鎌倉幕府の公式史料とされる『吾妻鏡』にも、義経の部下として「武蔵房弁慶」の名が見えるので、義経の家中に「弁慶」という名の僧形の武将がいたのは事実でしょう。他にも源氏の軍勢の中には、土佐坊昌俊のように僧形の武将がいたことはわかっていますから、彼らと同様に、武士出身で寺で修行したことがある人物だったのかもしれませんね。

平家を京から追い払った

源頼朝の従兄弟だが完全無欠の田舎者武将

鎌倉時代の武士

木《き》曽《そ》義《よし》仲《なか》

源氏の棟梁・源為義の孫。父と死別後、信濃国（長野県）木曽で育つ。以仁王の令旨を受けて挙兵し、平家を都落ちさせるという活躍を果たす。のちに後白河法皇と対立し、従兄弟の頼朝の命で義経らに滅ぼされた。

享年

31歳

（1154～1184）

育ちが悪く力は強いが乱暴者に

権力の頂点にあった平家を京から追い払ったのは、源頼朝ではなく、木曽義仲の功績です。義仲は、頼朝の従兄弟にあたる人物ですから、家柄としては実は申し分のない人間です。しかし、生まれた翌年に父が殺されて孤児になり、信州の田舎武士のもとで育つこととなって運命がコロッと一変しました。本名は「源義仲」なのですが、木曽で育ったため「木曽義仲」と呼ばれることが多いようです。

ちなみに、義仲の父を殺したのは頼朝の兄で、「悪源太」の異名をとる源義平です。つまり、義仲の父は甥《おい》っ子に殺されてしまったわけですね。

こうして、生まれはよいが、育ちが悪かった義仲は、京に入ったものの都の習慣がわからず、粗暴なことばかり繰り返しました。本来は「後ろから乗り、前から降りる」べき牛車を、後ろから降りて京中の失笑を買ったといいます。しかも、部下たちも京で乱暴を繰り返しましたし、それをたしなめる有能な側近に恵まれなかったのも悲劇でした。最後は法皇らにまで嫌われ、義経らに滅ぼされてしまいます。

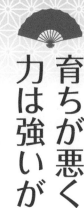

めっちゃ強かった義仲の愛妾

別れの餞別代わりに敵兵の首を捧げた女性

鎌倉時代の武士

巴《ともえ》御《ご》前《ぜん》

木曽義仲を育てた中原兼遠の娘。「木曽四天王」と呼ばれた樋口兼光、今井兼平の妹でもある。義仲や兄たちとともに、甲冑をまとい、馬に乗って戦場を駆け抜けた。日本の歴史上有数の女丈夫として知られる。

享年

？歳

（生没年不詳）

さまざまな逸話がある不思議な女武将

木曽義仲の愛妾《あいしょう》で、恐ろしく強かった女武将。それが巴御前です。木曽義仲を育てた信州の武将の娘ですから、２人は幼馴染みでもあったのでしょう。

『平家物語』によれば、義仲の軍勢が最後の５騎になっても巴は生き残っていましたが、義仲は「最後まで女を連れていたといわれるのも悔しい。お前は生き抜け」といって巴を逃がしたとされます。当時、子を産むことができる女性は大事にされており、「女は殺さない」という習慣がありましたから、巴だけは生き残れると思ったのでしょう。その後、巴は敵兵の首をねじ切ったあと東国へと落ち延びます。

ただし、別の逸話では頼朝方の武将和田義盛の妻となり、猛将・朝比奈義秀を産んだとするものもあり、『鎌倉殿の13人』でもそのように描かれていましたが、義秀の生年などからすると、少し話が合わないようです。後世の作り話でしょう。

もっともこれまで語った巴御前の話も、『平家物語』などの軍記物に出てくるだけなので、その実体はおろか、実在したのかさえわからないのが実際のところです。

鎌倉殿の13人のひとり

文武にすぐれていたが
チクリすぎて失脚した

鎌倉時代の武士

梶《かじ》原《わら》景《かげ》時《とき》

源平合戦当初は平家方だったが、のちに源頼朝に臣従。大いに武名を挙げる。頼朝の死後は2代将軍頼家を支える13人の合議衆のひとりとなるが、他の御家人から嫌われ、弾劾を受けて鎌倉を追放されてしまう。

享年

？歳

（？～1200）

頼朝と義経の喧嘩の原因をつくった張本人

梶原景時は、数ある源頼朝方の武将たちの中でも、特に文武に秀でた武将として非常に評判の高かった人物です。石橋山の戦いの時は、まだ平家方の武将として戦っていましたが、敗走して山中に隠れていた頼朝を見逃して逃走させてあげたことで、大きな功績を挙げました。ある意味、頼朝の命の恩人でもあるわけです。

そんな梶原の悪い癖が「讒言《ざんげん》癖」。とにかく源義経をはじめとする武将らの悪事を頼朝に告げ口することがしょっちゅうあり、味方の武将たちからメチャクチャ嫌われていたようです。頼朝と義経兄弟の仲が悪くなったのも梶原の讒言が原因ともいわれていますね。しかし、ある武将を讒訴した時には、それが誤りだと判定され、罰として鎌倉中の道路づくりを命じられるという恥ずかしい経験もしています。

最後は、他の武将たちから不評を買い、弾劾を受けて失脚してしまいます。しかしながら、梶原が讒訴を続けたのも、頼朝のことを思い、一途《いちず》に情報提供しようとしていただけなのかもしれません。そう考えると、実に哀れな武将ですよね。

二十一光りに包まれた執権

目立たない存在から「必殺仕事人」に変貌

鎌倉時代の武士

北《ほう》条《じょう》義《よし》時《とき》

初代執権・北条時政の子。源頼朝の妻・政子の弟でもある。頼朝や父・時政の権力が上がるにつれて自身も出世。やがて姉・政子とともに父を失脚させて二代執権に。「承久の乱」で勝ち、後鳥羽上皇らを流罪にした。

享年

62歳

（1163〜1224）

姉の行動で人生がガラッと変わった男

北条義時といえば、二代執権として鎌倉幕府の権力を確立した政治家、なわけですが……少々地味な存在で、大河ドラマ『鎌倉殿の13人』で取り上げられるまでは、一般的な知名度は「御成敗式目（貞永式目）」を制定した、三代執権の北条泰時《やすとき》よりも低かったように思えます。

伊豆での北条氏の立場には諸説ありますが、源頼朝にかかわるまでは田舎の豪族に過ぎなかったというのが通説です。義時も、北条時政の次男坊で本来なら、田舎でひっそりと生涯を終えていたことでしょう。ところが、姉・政子が頼朝の妻となってから彼の人生は思いもよらぬ激動に巻き込まれたのです。

頼朝時代には、その親衛隊を務め、頼朝から「家臣の最となす」と評されるほど信頼されていました。

頼朝が急死すると、二代目の頼家を支えるための13人の幕府宿老（いわゆる十三人の合議制）の一人に選ばれています。

権力闘争に追われた悪名高き政治家？

その後は、父・時政とともに幕府内の権力抗争を勝ち抜き、やがて暴走した時政を追放して事実上幕府の頂点に君臨しました。

しかし、後世、義時の評判はよくありませんでした。

コントロールの利かなくなった二代将軍・頼家を殺害し、和田義盛をはじめとした有力な御家人たちを蹴落とし、三代将軍・実朝をみすみす死なせ、挙げ句の果てには後鳥羽上皇を島流しにする……。

まさに「謀略の政治家」です。特に、明治時代においては足利尊氏や平清盛と並ぶ極悪人として評価されていたようです。

ただそれも、身にかかる火の粉を粛々と払いのけ、鎌倉幕府と北条氏の権力を高めることに力を注いだだけだ、ともいえるでしょう。いわば、義時はチョー真面目な「必殺仕事人」。悪名が降りかかるのも辞さず、こつこつと自分の仕事をやり遂げただけだったのかもしれません。

膨大な仕事に追われて過労死した真実

そのせいか、義時は承久の乱後、まもなく病没しています。後妻・伊賀の方による毒殺という噂が当時からありましたが、果たしてどうでしょうか？最終的に義時の跡は、前妻との子・泰時が継いで執権となりましたが、義時が死ぬまでは、次男の朝時や伊賀の方が生んだ政村も跡継ぎとなる可能性はありました。義時が後継者を泰時と定める前に暗殺すれば、伊賀の方は政村を執権にすることができたのです。動機としては充分に考えられるでしょう。

もし、義時の最期が妻による毒殺だったとしたら……今まで手を汚してきたことの報いだったのかもしれませんが、実際には、膨大な仕事に追われて、過労死したのではないかという気がしますね。それほど、新しい武士の世の中をつくることは大変だったのです。

この一大事業は子・泰時に引き継がれ、泰時は名君として後世まで語り継がれました。

御家人たちの模範的存在

ハンガーストライキも決行した坂東武者の鑑

鎌倉時代の武士

畠山重忠《はたけやましげただ》

武蔵国を本拠とする有力御家人。当初は平家方として戦ったが、のちに源頼朝に従い、源平合戦や奥州征伐で活躍。のちに北条時政と対立して二俣川の戦いで戦没する。文武に秀でていたほか、打楽器の名手でもある。

享年

42歳

(1164〜1205)

力が強く、心も優しい人気の武将

鎌倉幕府の御家人の中でも、とりわけ武勇にすぐれ智謀にも長けており、「坂東武者の鑑《かがみ》」と称されたのが、畠山重忠です。一の谷の合戦で義経の命により各武将が一斉に騎馬で急坂を駆け下りることになった時、重忠だけは愛馬をいたわり、馬を背負って自ら坂を駆け下りたという伝説があります。もちろん、作り話と思われますが、それほど力が強く、心ばえの優しい武将と考えられていたのでしょう。

重忠の代官が不正を働いたとして捕らえられた時、一切の弁解をせず、代わりに7日間完全に寝食を絶ったという話も有名ですね。一種のハンガーストライキなのですが、結局頼朝はその心意気に免じて、重忠を許しています。

そんな畠山重忠は、息子の重保《しげやす》と平賀朝雅《ともまさ》という御家人のいい争いがきっかけで執権・北条時政と不和になり、謀反の疑いをかけられ殺されてしまいます。平賀が時政の寵愛していた後妻・牧の方の娘婿だったからなのですが、実は重忠も時政の別の娘を嫁にもらっていたわけです。つまりは義理の父に殺されたわけですね。

鎌倉幕府の侍所別当（長官）

腕には自信があるが頭の回転はやや鈍し

鎌倉時代の武士

和《わ》田《だ》義《よし》盛《もり》

相模国の大豪族・三浦氏の傍流。源頼朝の挙兵当初から源氏方の武将として活躍。侍所の長官となり、頼朝の死後は将軍・頼家を支える13人の合議衆のひとりとなる。のちに北条義時と対立し、一族もろとも誅せられる。

享年
67歳
（1147〜1213）

ちょっとおマヌケな鎌倉幕府の幹部

鎌倉幕府内で御家人の統率を行う「侍所」という役所の長官を務めたのが、この和田義盛です。まさに幕府の「武」をつかさどる役割を帯びた武将であり、武人としての腕前は確かで、源平合戦や奥州征伐でも活躍しています。

このように腕が立つ武将でありながら、一方では、よくいえば「素直」、悪くいえば「愚直」、もっとはっきりいえば、立場をわきまえておらず、頭の回転が少々鈍いところもあったようで……。たとえば、源平合戦で西国へ遠征に行った時に真っ先に「もう帰ろうよ」といい出したのは義盛だといわれています。侍所の長官なのに……ですよ！　また、ある時、鎌倉で御家人同士の喧嘩があり、将軍が侍所に仲裁を命じたところ、当の侍所の長官・義盛が喧嘩に加勢して大騒ぎしていた、なんて話も伝わっています。荒っぽくも、愛すべき人物といえそうです。

そんな義盛ですが、最後は幕府内で絶対的な権力を独占しようとする北条義時の挑発に乗せられ、北条氏らに対し挙兵した結果、一族もろとも滅ぼされています。

性派武将

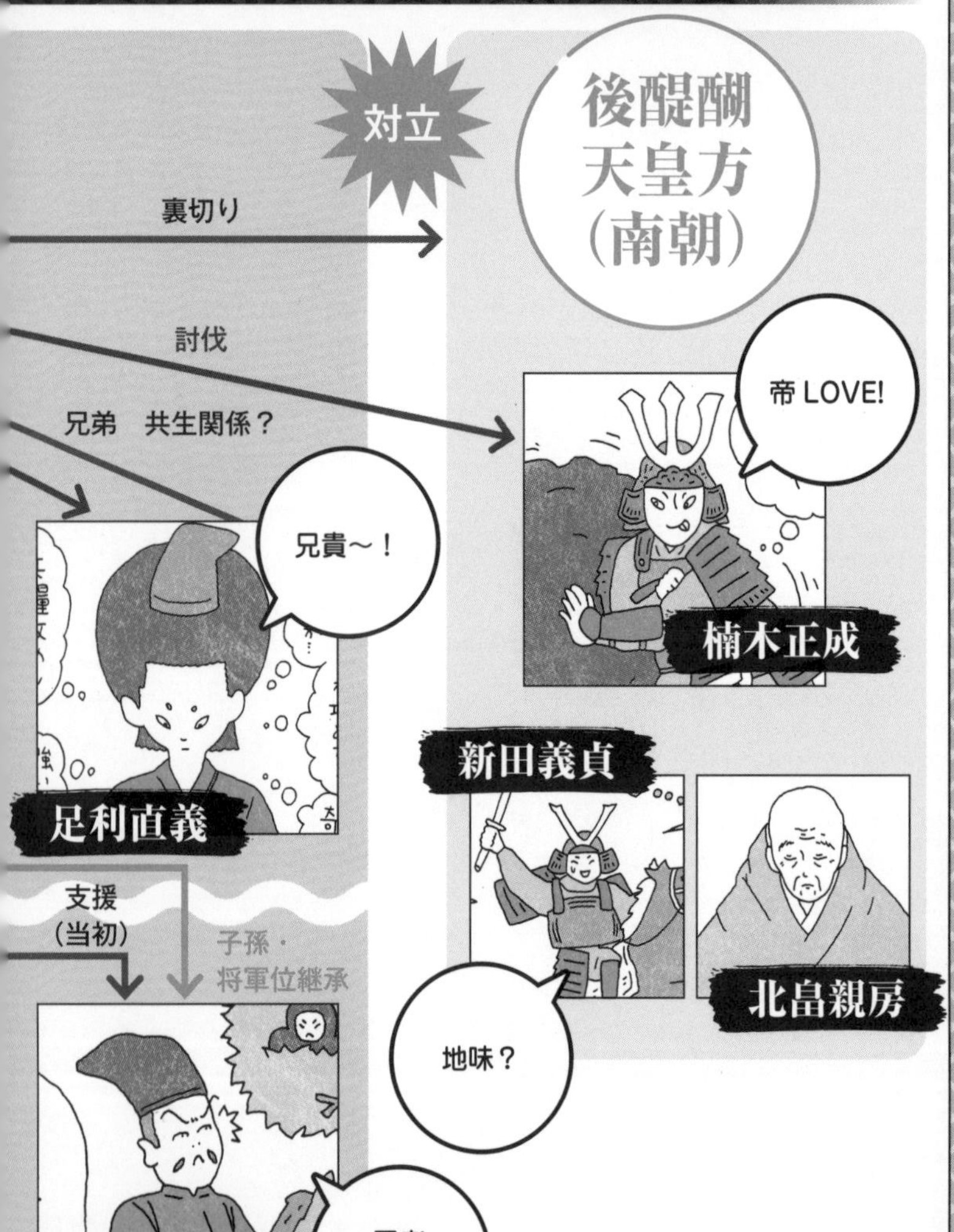

対立
後醍醐天皇方（南朝）
裏切り
討伐
兄弟　共生関係？
兄貴～！
足利直義
帝 LOVE!
楠木正成
新田義貞
北畠親房
地味？
支援（当初）
子孫・将軍位継承
足利義尚
忍者きらい！

第三章 室町時代の個

室町幕府（北朝）
うーむ…
もう出家したい！
足利尊氏
討伐
サポート
サポート
ワハハハハ…
罪
婆娑羅じゃ！
佐々木道誉
高師直
時は過ぎて……
細川勝元
おいしいものが食べたいな
美味い!!
もぐもぐ
対立
キモ…
エイッ！
キモ…
応仁の乱
山名宗全

室町時代の武士

足《あし》利《かが》尊《たか》氏《うじ》

裏切り続けて将軍に

家柄も実績もすごいが優柔不断な風見鶏将軍

室町幕府の初代将軍。後醍醐天皇に味方し、鎌倉幕府を裏切って滅亡させたのち、後醍醐天皇を裏切って北朝を擁立し室町幕府を開く。その後も南北朝の争乱や観応の擾《じょう》乱《らん》（弟・直義らとの争い）などに明け暮れた。

享年

54歳

（1305〜1358）

上司にしたくない人物ワーストワン!!

足利尊氏は、源頼朝と祖先を同じくする源氏の傍流です。後醍醐天皇が倒幕の兵を挙げた時、鎌倉幕府の有力御家人として、討幕軍の追討を命じられたにもかかわらず、幕府を裏切って天皇方につき、幕府滅亡に大きな功績を挙げてしまいます。ところが、幕府滅亡後、後醍醐天皇が政権を握ると、なにが気に入らなかったのか、今度は天皇を裏切って京から追放し、自らは室町幕府を開いてしまいます。

しかもこれだけのことをしておきながら、「この世は夢のようなもの。早く出家がしたい」などと書いた願文をお寺に奉納してもいるのです。もういったいなにがしたいのやら……。絶対に上司にはしたくないタイプです。とにかく優柔不断で、自分では何事も決められないたちだったのかもしれませんね。

さらに尊氏は、自分で追放しておきながら、後醍醐天皇が亡くなると、その菩提を弔うためとして天龍寺という立派なお寺を創建しています。これを美談ととるか、怨霊をおそれたビビリな行為ととるかは、判断の分かれるところでしょう。

兄と幕府を支えていたが……

兄を諫める賢い弟だが弱点はチョー戦下手

室町時代の武士

足《あし》利《かが》直《ただ》義《よし》

足利尊氏の弟。兄・尊氏を助け、倒幕から初期の室町幕府の運営まで大きく関わる。時には兄をたしなめるなど政治的には優秀な面を持つ。やがて兄・尊氏やその側近と対立（観応の擾乱）し、非業の死を遂げる。

享年

47歳

（1306〜1352）

スパイを送り込むか…
水攻めか…
いや、奇襲か…
兵糧攻めもいいな…
強い敵はイヤだな逃げるか…

賢いが、戦いのセンスがない頭でっかち

優柔不断な尊氏には、直義という頭の切れる弟がいたのが、ラッキーだったといえるでしょう。室町幕府ができた頃は、軍事は尊氏、政治は直義と二人三脚で幕政を運営していたとされます。直義は頭脳派で真面目な性格だったのでしょう。『梅松論』という書物には、直義が兄・尊氏に向かって「国を治める身なのだから、いたずらに時を費やさず、物見遊山などは時宜をわきまえて行いなさい」などと説教したという逸話が載せられています。

しかし、この直義、頭は切れるが、戦は下手、というのが定評です。鎌倉を守っていた時に北条氏の残党が挙兵すると（中先代の乱）、あっさり敗れていますし、手越河原で新田義貞と戦った時も数では勝っていたともいわれるのに、結局敗れています。直義もまた尊氏なしでは生きられない男だったといえそうです。

最後は尊氏やその側近・高師直《こうのもろなお》と不和になり、京を追われ鎌倉で没します。死因は、兄・尊氏による毒殺だともいわれています。

南朝を支えた戦巧者

変わった戦法を駆使し忍者の祖ともいわれた

室町時代の武士

楠《くすの》木《き》正《まさ》成《しげ》

河内国（大阪府南東部）の土豪。幕府の権威に屈しない「悪党」の代表ともされる。倒幕時から一貫して後醍醐天皇（南朝）方の有力武将として活躍。巧みな戦法を駆使したが、最期は湊川の戦いで足利尊氏に敗れ自刃。

享年

43歳

（1294〜1336）

ほかとは異なる変わった戦法を使って戦った有名武将

鎌倉幕府を倒した後、足利尊氏が後醍醐天皇を裏切ったのに対し、最後まで天皇に忠誠を尽くした武将として有名なのが楠木正成です。皇居外苑の一角には乗馬姿の猛々しい正成像が建っており、死してなお皇室を守っているかのようです。

この楠木正成、一風変わった戦法を使ったことでも有名です。たとえば、千早城で幕府軍と戦った時には、20～30体の人形に鎧《よろい》を着せて城の麓《ふもと》に置いておき、幕府軍の兵士がその人形を本物の兵と思って集まってきたところに大石を落とし、一気に殲滅《せんめつ》させたといいます。『太平記』などに載っている話なので、かなり盛られているとは思いますが、正成が兵法に長けた武将だったのはおそらく事実でしょう。

あまりに奇抜な作戦を使うので、楠木正成は、楠流という忍者の祖だという話まででできあがりました。江戸期に書かれた『万川集海《ばんせんしゅうかい》』という著名な忍術書には、楠木正成が48人の忍びを従えており、忍術の秘伝を子の正行《まさつら》に託した、との話が載っています。一概には信じられませんが、興味深い話ではありますね。

鎌倉を倒し、室町に倒された

戦に明け暮れたのに影が薄いまま犬死に

室町時代の武士

新《にっ》田《た》義《よし》貞《さだ》

上野国（群馬県）に本拠を置く武将。鎌倉幕府の中では一御家人として目立たない存在だったが、後醍醐天皇の倒幕に参加して名を挙げ、南朝方の有力武将に。最期は藤島の戦いで尊氏方の武将と戦い、戦死している。

享年
38歳
（1301～1338）

人脈に恵まれなかったのが敗死の原因とされている武将

鎌倉幕府の実力者・北条高時を自害に追い込み、鎌倉幕府にとどめをさした功労者は、足利尊氏でもなく、楠木正成でもなく、新田義貞です。しかし、両者と比べて新田義貞は、少々影が薄い気もしますね。出自は足利氏と同じ源氏の傍流なのですが、尊氏らが幕府の有力御家人とされていたのに、義貞は、一般の御家人扱いされており、少々かわいそうな存在でした。

足利尊氏が後醍醐天皇を裏切った後も、天皇方を離れず、天皇から尊氏の対抗馬として戦いに次ぐ戦いを強いられ、最後は遠く北陸の地で討ち死にしています。武勇にはすぐれていたものの、身分が高くなかったためによい兵士に恵まれず、それが敗死につながったともいわれています。それなのに、『太平記』では、その死に当たり「天皇の腹心として武将の位を得たならば、身を慎んで命を全うすべきなのに、自ら大したこともない戦場に赴き、匹夫《ひっぷ》の矢によって命を落としたのは嘆かわしいことだ」などと書かれています。ますますかわいそうになってしまいますね。

文武にすぐれたスケベオヤジ

女湯のぞきで知られる将軍の側近中の側近

室町時代の武士

高《こうの》師《もろ》直《なお》

足利尊氏の側近として初期幕府を支えた武将。権威に屈せず「王がなくて困るなら木や金属でつくればよい」などと公言したともいわれる。足利直義と対立し、観応の擾乱を起こすが、最期は対立する武将に討たれた。

享年

？歳

（？～1351）

有能な側近であるにもかかわらず、私生活はエロオヤジ

高師直といえば、人妻の入浴シーンをのぞき見し、なんとかその女をものにしようと、『徒然草』の作者として有名な吉田兼好にラブレターの代筆を頼み、挙げ句の果てはその女の夫を自害に追い込んだ、という強烈なエピソードが有名です。おかげで高師直といえば、好色オヤジの典型として扱われるようになりました。

とはいえ、これは『太平記』という軍記物に描かれている話なので、信ぴょう性はかなり薄いです。「事実無根ではない」という学説もあるのですが、これらの話をそっくり史実として受けとめることはできないでしょう。

実際の高師直は、かなり有能な足利尊氏の側近（執事）です。戦では北畠顕家《あきいえ》や楠木正成の子・正行らを倒していますし、裁判や論功行賞などの実務も的確に行っていたようです。しかも、南朝方の皇居を焼き払うなど権威にも屈しない大胆な発想を持つ武将でもありました。しかし、大胆で有能ゆえに敵も多く、やがて尊氏の弟・直義と不和になるなどで、最期は戦で討ち死にしています。

我が道を行く婆娑羅大名

配流の途中で大宴会 怖いものなしの大武将

室町時代の武士

佐《さ》々《さ》木《き》道《どう》誉《よ》

はじめは北条氏、のちに足利尊氏に仕え初期室町幕府を支えた。近江国（滋賀県）ほか各地の守護や政所の執事などを務め、室町幕府内で権力を握った。風流を愛した婆娑羅大名の代表。尊氏の子の義詮も支えた。

享年

78？歳

（1296？～1373）

派手で目立つことが大好きな性格

南北朝時代には、権威に屈することなく、派手で勝手気ままな行いを好むという独特の風潮が生まれました。この風潮を「婆娑羅《ばさら》」といい、婆娑羅大名の代表としてしばしば取り上げられるのが、前述の高師直と佐々木道誉です。

道誉は、足利尊氏やその子で二代将軍となる義詮《よしあきら》に仕え、草創期の室町幕府を守り立てました。一方、連歌や茶などにもすぐれた才を示しています。

しかし、とにかく派手で目立つことが大好きだったようで、天台宗妙法院の庭の枝を部下に折らせたことから大喧嘩となり、寺を焼き払うことまでしてしまいました。怒った山門宗徒が訴えたため、困った幕府は道誉を流罪にしたのですが、その道中、道誉は猿の毛皮を着て大宴会を開き、遊女と戯れるという乱行ぶり。まったく反省の色など示さなかったといわれています。また、政敵・斯波《しば》高経《たかつね》が将軍御所で花見の宴を開くと知ると、同日、京中の芸人らを集めて大原野で大宴会を開くという嫌がらせも実行したそうです。とんでもない派手好き、遊び好きなのです。

武将兼貴族兼学者兼僧侶

足利尊氏も倒した バリバリのお公家さま

室町時代の武士

北《きた》畠《ばたけ》親《ちか》房《ふさ》

後醍醐天皇に抜擢され、大納言にまで昇進した公卿。のちに奥州に赴任するも、足利尊氏が反旗を翻したことから上京。以後、南朝の中心人物として活躍した。著書に『神皇正統記』『職原鈔』などがある。

享年

62歳

（1293〜1354）

学者だと思われがちだが実は武将でもある実力者

北畠親房というと、『神皇正統記』という歴史書を著したことが有名なので、てっきり学者だと思っている人も多いようですが……実は戦で活躍したれっきとした武士です。とはいえ、実は貴族でもあったわけで、出家もしているので一応僧侶でもあり、『神皇正統記』以外の著書もありますから学者というのも間違いではありません。とにかくそのくらい、ややこしくて有能なのが北畠親房という人物なのです。

ややこしい北畠親房の人生を簡単にたどれば、もともとは後醍醐天皇のもと大納言にまでなった、れっきとした貴族、公卿でした。後醍醐天皇の皇子の養育にも携わったのですが、その皇子が逝去したのを機に出家します。その後、尊氏が後醍醐天皇に対し挙兵すると、天皇方について戦います。一時は足利尊氏らを九州へと追いやる活躍をしたのですが、やがて劣勢になり城に籠《こも》ることが多くなった頃、『神皇正統記』などを執筆しています。結局、劣勢を覆すことができずに失意の中で死を迎えたといわれますが、これだけ活躍すれば十分なようにも思えますよね。

応仁の乱の西軍トップ

自殺未遂を起こした赤ら顔のコワモテ武将

室町時代の武士

山《やま》名《な》宗《そう》全《ぜん》

備後・安芸国（広島県）など中国地方を中心に多数の守護職を兼任した守護大名。本名は「持豊」。6代将軍足利義教を殺害した赤松満祐を討伐したことでも有名。のちに応仁の乱の西軍総大将となり、乱の最中に病没。

享年

70歳

（1404～1473）

老体にムチ打って戦の最前線に立っていた男

日本を二分した応仁の乱の西軍総大将として有名な山名宗全。本名は持豊で、出家して宗全と名乗りました。赤ら顔をしていたため、「赤入道」とも呼ばれました。真っ赤な顔をしたスキンヘッドの武将、ですから、正直、怖かったと思いますよ。

とはいえ、応仁の乱が起きた時、宗全はすでに64歳。家督も息子に譲っていました。一応、政治の第一線からは引いていたわけですが、将軍継嗣問題で将軍の妻・日野富子に頼られるなどしたため、西軍の将として立ち上がったわけです。

しかし、この大乱は1年経っても、2年経っても終わりません。やがて5年近く経つと、世に厭戦《えんせん》気分も芽生え、宗全らも講和に動きます。しかし、これもまたうまく行きません。老体にはさぞやきつかったことでしょう。さすがの赤入道も精神が錯乱し、自殺未遂まで起こしたとされます。これが史実か否かはよくわかっていないのですが、当時、そういう噂が流れたというのは紛れもない事実です。そしてその翌年、山名宗全は70歳で病没したのです。

応仁の乱の東軍トップ

雅な暮らしを愛し鯉に恋したグルメ武将

室町時代の武士

細《ほそ》川《かわ》勝《かつ》元《もと》

む!!この鯉は○○池のだな…
もぐもぐ
美味い!!
しかも3才のメスの鯉…

室町幕府で、将軍に次ぐナンバー2の役職である「管領」職にあった名門中の名門武将。近畿や四国で数カ国の守護職も兼任している。妻は山名宗全の娘。応仁の乱では東軍を率いたが、乱の最中に若くして病没した。

享年

44歳

(1430〜1473)

産地まで当てることができる当代きっての美食家

応仁の乱の東軍の総大将は、将軍の補佐役である管領職を長く務めた細川勝元です。ただし、この勝元、応仁の乱勃発時はまだ38歳。宗全とは親子ほど年が離れていました。いや、それどころか、宗全の長男・教豊より六つも年下なのです。

武将としてのタイプも大分違っています。勝元は、教養があって風雅な生活を好む、まるで貴族のようなイメージの武将だったようです。世界遺産・龍安寺を創建したことでも知られています。有名な石庭は勝元の死後の作ですが、このようなものを好むところに勝元の性格が表れている気がしますね。他にも絵画や和歌、猿楽や医術にも凝っていたようで、さながら一流の文化人のようです。さらに勝元は当代きってのグルメでもあったようで、ある日、鯉を食しては「これは淀《よど》よりも遠くの地でとれたもののようですな」などと、産地まで当てることができたそうです。

しかし、応仁の乱の心労は、若い身の上にもやはりきつかったのか、勝元も宗全と同じ年に、44歳の若さで病没しています。

酒と女に溺れた将軍

大乱の末将軍になるも酒と女に溺れて客死

室町時代の武士

足《あし》利《かが》義《よし》尚《ひさ》

8代将軍足利義政と、正室・日野富子の間に生まれた長男。叔父・義視との間で将軍継嗣問題が起こり、それが応仁の乱の原因の一つとなる。9歳で室町幕府9代将軍となり、近江国（滋賀県）遠征の最中に病没する。

享年

25歳

（1465〜1489）

9歳で将軍になった若き武将の末路

応仁の乱が起こる原因の一つとなったのが、室町幕府の将軍継嗣問題。当初、八代将軍足利義政に実子がいなかったため、弟の義視《よしみ》を後継者と決めたとたん、実子・義尚が生まれてしまい、どちらが九代将軍となるかで争いが起きました。その結果、どちらが将軍となったのかは……実は日本史の教科書にもあまり載っておらず、意外と知られていないようです。正解は実子・義尚のほうです。

乱の最中に9歳で将軍となった義尚は、しばらくは父・義政らに実権を握られ、学問に精を出すほかは酒色に溺れるばかりだったようです。ようやく義政らの引退後、意に添わぬ近江国の武将・六角高頼の征伐に乗り出すという武将らしいところを見せるのですが……陣中でも歌会を開いたり、酒色に溺れたりと、それまでと変わらぬ生活を送り、最期は深酒がたたって陣中で病没しました。

この戦では、六角方の甲賀忍者が活躍したともいわれており、義尚は女と寝ていたところを忍者に襲われ、その時に受けた傷が元で死んだとする説もあります。

コラム 1

武士とはどういう人たちか

◆「武士」とは「一般民衆より上、貴族より下」で武芸を仕事としている人々

「武士」と一言でいっても、その定義は意外と難しいものです。ちなみに、大学受験のバイブル的存在である山川出版社の『日本史A・B共用用語集』には、「武芸・戦闘を専業とする身分、あるいはその身分の人々。（後略）」などとあります。

簡単にいえば、武士とは、仕事として馬に乗り弓を引いていた人たちで、身分的には「一般民衆より上で貴族より下の人々」になります。飛鳥時代に整備された律令制度には、正一位から少初位下まで30段階の位階（身分）が定められており、その最上位の正一位から従五位下までに属する人を「貴族」と呼びます。一方、位階を持たない人たちが一般民衆に当たり、「百姓」などと呼ばれました。武士とは、その中間で「位階を持ってはいるが六位以下で、武芸を専門としていた人」ということになります。

◆やがて「武士でもあり貴族でもある人々」が登場し日本の歴史を変えていく

ところが、本来は六位以下の比較的低い身分だった武士の中から徐々に頭角を現す人が出てきます。たとえば、平将門の乱を鎮圧する功績を挙げた藤原秀郷は従四位下、平貞盛は正五位上になり、身分上は「貴族」の仲間入りを果たしました。こういう人たちを「軍事貴族」と呼びます。

さて、貴族の中でも、御所の殿上の間に上がることが許された人を「殿上人」といい、「貴族の中の貴族」、「エリート中のエリート」といえる存在です。ところが、平安時代末期になると、このエリート中のエリートに選ばれる武士が出てきます。院の御所への昇殿が最初に許されたのは、東国で活躍した源義家。源頼朝の祖先（祖父の祖父）に当たる人物です。一方、天皇の御所への昇殿が最初に許されたのは、平忠盛。あの平清盛の父親です。

こうして、武士の中でも源氏（清和源氏・河内源氏）と平氏（桓武平氏・伊勢平氏）は、特別な存在となり、やがて平清盛は貴族のトップ（従一位・太政大臣）にまで出世しました。

しばしば「武士」と「貴族」が別物の集団ととらえられることがありますが、それは正しくありません。藤原秀郷や平忠盛などは武士であり、貴族でもあるからです。武士に対抗する身分を表すのなら「公家」とするのが正しいでしょう。

代の武将

織田信長
なに！サル が天下人？
臣従
臣従
豊臣秀吉
息子のこと だけが 心配じゃ
友情
だとう!?
前田利家
石田方（西軍）
猫と 遊んで いたかった
石田三成
島津義弘
親子
豊臣秀頼
ポンポン…
えへへ…。
うちの ボス、 デカッ！
裏切り
真田信繁
皆さん、 頼み ましたよ
長宗我部盛親
大坂方（豊臣方）

第四章 秀吉・家康時

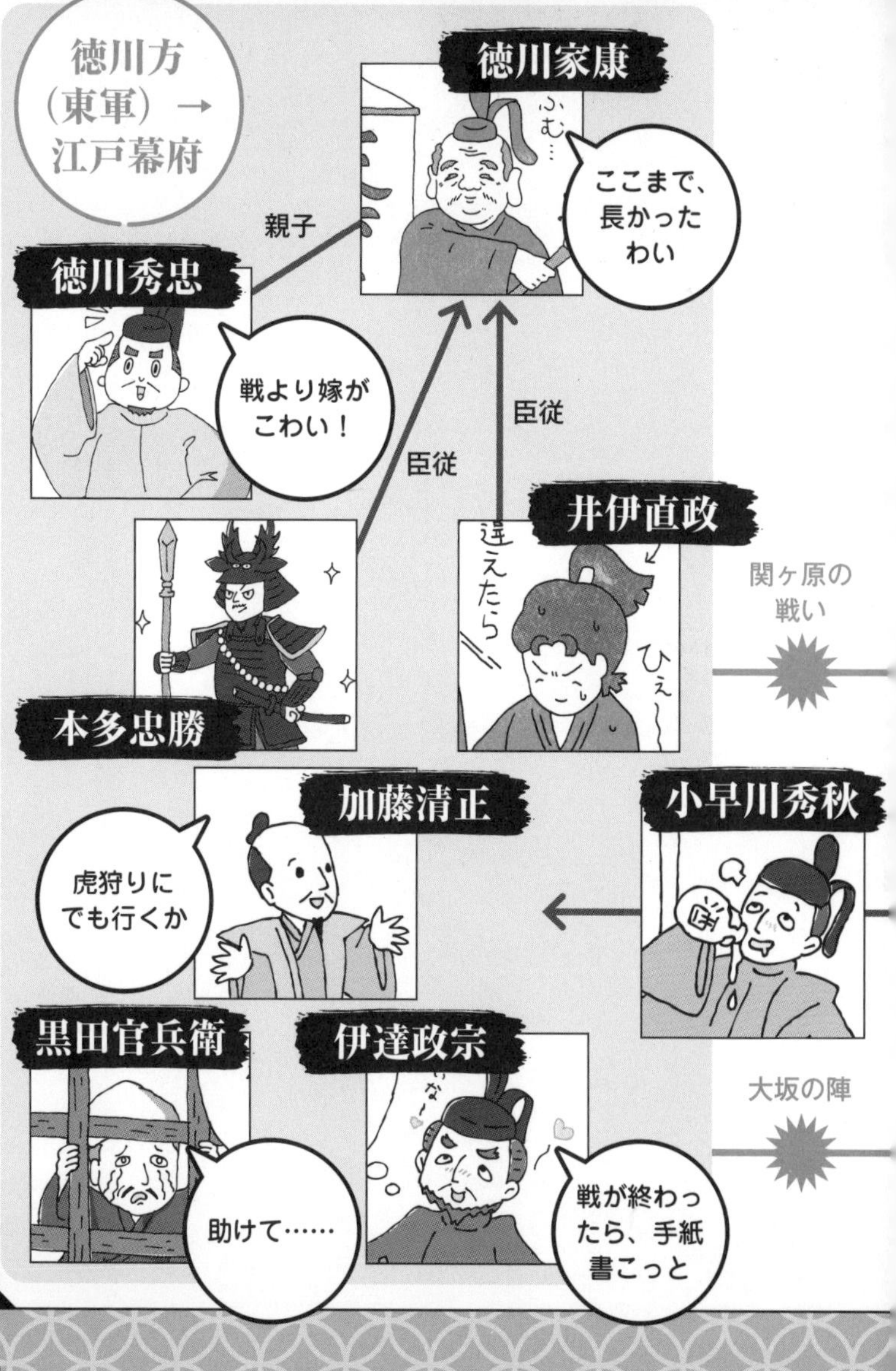

徳川方（東軍）→江戸幕府
徳川家康
ふむ…
ここまで、長かったわい
親子
徳川秀忠
戦より嫁がこわい！
臣従
臣従
井伊直政
逆えたら
ひぇ~
本多忠勝
関ヶ原の戦い
加藤清正
虎狩りにでも行くか
小早川秀秋
大坂の陣
黒田官兵衛
助けて……
伊達政宗
戦が終わったら、手紙書こっと

加賀百万石の基礎を築いた

血の気が多すぎるし 信長愛♡も強すぎる

戦国時代の武将（二）

前《まえ》田《だ》利《とし》家《いえ》

信長配下で能登国（石川県北部）を領した。本能寺の変後、柴田勝家に属したが、賤ヶ岳の戦いで秀吉に従い、柴田を破る功績を挙げる。豊臣政権下では加賀に拠点を移し、五大老のひとりとして豊臣家を支えた。

享年

62歳

（1538～1599）

許可なく戦に参戦し結果を出した男

前田利家は尾張に生まれ、信長に14歳の頃から近習として仕えています。ある時、信長お気に入りの男を諍《いさか》いで殺してしまい、信長から出仕を止められました。しかし、利家は無断で戦に参加して功を挙げたため、再び出仕を許されています。この時の槍働きによって「槍の又左」の異名が広がっていったとされています。

こうして信長の主要な戦いにはほぼ参戦。信長の死後は秀吉の統一事業を支えます。この間、北陸中心に領地を増やし、「加賀１００万石」の礎を築きます。

さて、秀吉亡き後、跡継ぎの秀頼は若いため、政治は五大老・五奉行が代行する取り決めが秀吉の遺書によってなされ、利家もその一人となります。しかし徳川家康が逸脱した行為を繰り返し、次第に溝が深まっていきます。それでも制度を保てたのは家康を牽制できる力を利家が持っていたおかげです。しかし、翌年利家が病没すると、制度は瓦解。家康は単独体制を築き、翌年関ヶ原の戦いを迎えます。堰を切ったように動く情勢、利家の影響力がいかに大きかったかが窺えますね。

金《きん》と女が大好きな天下人

親ガチャにハズれて フェイクニュース拡散

家族写真を燃やして…
コンプレックス解消だぎゃ〜〜

戦国時代の武将（二）

豊臣秀吉《とよとみひでよし》

貧しい家の生まれ。のちに家を出て、信長に仕える。明智光秀を破り、信長の仇を討ったのち、柴田勝家を倒し、信長の後継者になる。やがて関白となり、全国の武将を臣従させ、天下人に。朝鮮出兵の最中に病没。

享年

62歳

（1537〜1598）

自分のフェイクニュースまで出す荒れた時代

天下を統一し、戦国の世を終わらせた豊臣秀吉。日本史上最も有名な戦国武将の一人ですが、秀吉の生まれについては詳しいことがわかっていません。

その主な理由は、秀吉本人が隠ぺい工作を図ったから。秀吉が身分が低く、貧しい家の出身であることは、皆さんもよくご存じでしょう。現在では、みじめな身の上から才覚一つで成り上がったことが一種の美談のように語られていますが、当の秀吉にしてみれば、低い身分の生まれであることは、「親ガチャにハズれた恥ずかしい過去」であり、コンプレックスでしかなかったようなのです。

なので、天下人になって秀吉は、自身の出自について語ろうとしなかったのです。それどころか、「自分の母は宮中に勤めていたことがあり、自分は天皇のご落胤《らくいん》なのだ」というフェイクニュースまで垂れ流す始末です。しかし、本当に何もない卑しい身分から織田家で出世したとしたら、相当な能力と運の持ち主です。もしかしたら、少しはちゃんとした家柄だったんじゃないか?と推測する人もいます。それも、秀吉が記録を残さなかったせいで、我々には知る術がありません。

貧しい暮らしの反動でセレブをひたすら求めるようになった時代

天下人になってからの秀吉は、とにかく権威好きで、成金趣味（金ピカ主義）。セレブな暮らしと肩書をひたすら求めました。これもまた、貧しかった幼い頃のコンプレックスの裏返しといってよいでしょう。「関白」という最上級の肩書を求めたのも、身分や家柄への強いこだわりがあったからではないでしょうか。

金ピカ主義としては、金銀をふんだんに使った障壁画で城内を埋め尽くしたり、黄金の茶室をつくったりしたことでも有名ですね。

しかし、幼い頃の苦労は、コンプレックスだけを生み出したわけではなさそうです。そのおかげで貧しい人、苦労している人の気持ちがわかる人となり、下級武士や庶民にも気軽に声をかけるような人格者になったともいわれているのです。

秀吉が肩書や財宝以上に熱心に求めたものがあります。それは女性です。戦国大名一夫多妻制で正妻のほかに複数の別妻（側室）を持つことが普通ですが、秀吉には13人もの別妻（側室）がいたといわれています。中には織田家の血を引く三の丸殿や淀殿、名門京極氏の出である松の丸殿などもいます。名家の女性を側室としたのも、セレブへのコンプレックスゆえの行動だったのかもしれません。

戦国武将きっての浮気性のダメ男

秀吉の女好きは生来のもので、天下人になる前から浮気性だったようです。「立派な正妻がいるのに」と、信長からおとがめを受けることもありました。そのくせ、甥の秀次に対しては、「女狂いに関しては私の真似をするな」「妾《めかけ》は5人でも10人でもつくってよいが、外には女をつくるな」とたしなめています。よくも自分のことを棚にあげて、という感じですね。ちなみに、秀次に妻や妾は30人以上いましたが、秀次が失脚、自害した際に、秀吉によってみな斬殺されています。耄碌《もうろく》した晩年の秀吉の愚行、ともいわれますが、言うことを聞かなかった秀次への怒りが爆発した結果なのかもしれません。

秀吉を支えた軍師PART 2

一流の軍師が送った失敗も多い二流の人生

黒《くろ》田《だ》官《かん》兵《べ》衛《え》

播磨国（兵庫県南部）の武将。小寺氏に仕えたのち、織田方に与し、秀吉の側近となる。豊前国（福岡県東部・大分県北部）に12万石の領地を得た。隠居後も朝鮮出兵、関ヶ原の戦いなどに出陣した。キリシタン大名。

享年

59歳

（1546〜1604）

懸命な説得も実らず約1年の牢生活

大河ドラマ『軍師官兵衛』の主人公として一躍有名となった黒田官兵衛。軍師とはよく聞かれる役職ですが、文官と武官の境界すら曖昧な戦国時代においてはほぼ実態がわからないのが現状です。「軍師」を「合戦における知謀、策謀に長けた武将」ととらえるならば官兵衛は戦国時代で最も軍師らしい軍師といえるでしょう。

官兵衛は信長に属していた頃、対毛利の最前線で活躍。福原城の戦いや上月城の戦いなどで策を弄し名を挙げます。しかし、織田家家臣・荒木村重が謀反を起こした時、村重の説得に行ったものの失敗。捕らえられて約1年を牢で過ごします。

この時信長は「官兵衛は村重に同心した」と、人質にとっていた官兵衛の子・松寿（長政）を殺そうとしますが、竹中半兵衛によって匿われ生きながらえます。のちに官兵衛は救出されますが、髪が抜け落ち膝も不自由になっていたそうです。

その後、本能寺の変を経て秀吉に仕え、秀吉の統一事業の中で力を発揮していきますが、44歳の頃、家督を長政に譲って隠居しています。

戦国時代の武将（二）

「鬼島津」と呼ばれた男

勇猛な九州男児は意外にも猫好きだった

島《しま》津《づ》義《よし》弘《ひろ》

南九州の名門・島津氏の生まれ。兄・義久らとともに九州全土をほぼ平定するも、豊臣秀吉の軍に敗れて臣従。朝鮮出兵では明軍を破る大活躍をする。関ヶ原の戦いでは西軍について敗れたが、所領は安堵された。

享年

85歳

（1535〜1619）

戦に愛する猫を連れていったとされるほどの愛猫家

九州各地の戦いや朝鮮出兵でも大活躍した島津義弘。関ヶ原の戦いでは、所属する西軍の敗戦が決定的になった時、通常なら敵の追撃を避けるために脇道や背後に向かって退却するのに、義弘率いる島津軍は、堂々と敵中を縦断突破する、「島津の退き口」を断行したことでも有名です。何とか薩摩へと生還した義弘。依然として東軍勢力とは緊張状態でありましたが、井伊直政らとの交渉の末、島津家は所領を没収されずに済みました。

とかく勇猛なイメージが強い義弘ですが、実は愛猫家だったともいわれており、摂関家の近衛前久《さきひさ》が義弘に「奥さんに猫を取られたので、自分の分を一匹送って欲しい。娘も欲しがっているが無視していい」と猫を要求する書状が残っています。朝鮮出兵時に7匹の猫を連れていった逸話も残っており、これは猫の瞳（瞳孔）の大きさを測って正確な時間を知るためだったとか。実際にそんなことができるのかどうかはわかりません。単に猫を連れていくための口実だったのかもしれませんね。

戦国時代の武将（二）

江戸幕府の初代将軍

バツイチ女を好んだ戦国の世の最終勝者

徳《とく》川《がわ》家《いえ》康《やす》

三河国（愛知県東部）の武将。幼少期は織田、今川の人質として過ごし、のち信長と同盟。本能寺の変後、秀吉と対立したのち臣従。豊臣政権下で五大老となり、秀吉の死後、関ヶ原の戦いで勝利し江戸幕府を開いた。

享年
75歳
（1542〜1616）

野戦と城攻めでは圧倒的に野戦派武将の家康

戦国の三英傑を評した有名な川柳に「鳴かぬなら殺してしまえホトトギス（織田信長）」「鳴かぬなら鳴かせてみせようホトトギス（豊臣秀吉）」「鳴かぬなら鳴くまで待とうホトトギス（徳川家康）」があります。もちろん、本人が詠んだわけではありませんが、短気で人使いの粗い信長、腕一つでなんでも成し遂げた秀吉、そして好機を待ち続け戦国の最終勝者となった家康の特徴を見事に表していますよね。

しかし、家康は、ただチャンスを待っていただけではありません。屈強な三河武士たちを従えて、合戦でも数々の勝利を手にしています。

戦国の合戦には主に野原などで戦う野戦と城攻めがあり、家康は野戦を得意としていました。

ちなみに、秀吉は城攻めの名人として有名です。二人が刃を合わせた小牧・長久手の戦いは、国力では秀吉が圧倒的に優位でしたが、野戦だったがゆえに家康が有利に戦いを進めたともいわれています。

人質時代を経験して我慢強く「ヤル時はヤル」性格に

一方、城攻めはあまり得意でなかったのか、大坂の陣ではかなり苦戦をしています。なんといっても大坂城は、城攻めの名手・秀吉が造った難攻不落の城ですからね。真田信繁などが奮戦したというのも苦戦の理由の一つといえるでしょう。

また、大坂の陣の際には、徳川方の戦力がろくに育っていなかった、というのも大きかったと思いますね。なにしろ関ヶ原の戦いから10年以上、まともな戦はなかったわけで、関ヶ原の段階で熟練していた武将たちは年老い、若い武将たちは実戦経験がまるでない、という状態だったのですから……。

なんと家康自身が、新兵たちに戦の手ほどきをしたという逸話まで残されています。

さて、素顔の家康はどんな人間だったのでしょうか。幼い頃から人質生活を強いられていたおかげもあり、我慢強く、それでいて戦には強く、「ヤル時はヤル」という性格だったと思います。家臣の讒言《ざんげん》にもしっかり耳を傾ける点などは、理想の上司像に近いかもしれません。

若い女性よりも熟女好きだったという意外な一面

ただし、妻の人数は秀吉以上で、21人もの別妻（側室）がいたといいます。特徴的なのは、側室に後家さんが多いところ。秀忠の生母・西郷局も、六、七男を産んだ茶阿局も、最愛の女性といわれる阿茶局もみなバツイチです。経産婦のほうが子孫を残すのに有利だから、という説もありますが、単なる熟女好きだった可能性も否めません。

では、家康が心の底から望んだのは、いったいなんだったのでしょうか？　それは、美女や権力や金ピカ生活ではなく、多くの民が安心して暮らせる「平和な世」だったのではないかと思います。これは単なる綺麗ごとではなく、家康が「厭《えん》離《り》穢《え》土《ど》欣求浄土」（穢《けが》れたこの世を離れ、浄土を求める≒平和な世の中を目指すという解釈もできる）と書かれた旗を軍旗に使っていたことからも推測できます。

それを一心に願い続けたからこそ、子どもの頃から続く苦難に堪え、ついに天下泰平の世を築けたのではないかと思います。

「日本一のつわもの」と呼ばれた

人質→人質→蟄居 悲しき振り回され人生

戦国時代の武将（二）

真《さな》田《だ》信《のぶ》繁《しげ》（幸《ゆき》村《むら》）

武田氏に仕えた信濃国（長野県）の小領主・真田昌幸の次男。武田家滅亡後は、徳川、北条、上杉らと同盟、対立を繰り返す。関ヶ原の戦いでは敗れて九度山に配流となる。大坂の陣で豊臣方として大活躍するも戦没。

享年

49歳

（1567〜1615）

人質としてたらい回しにされた過去がある有名武将

「幸村」の本名は「信繁」だという話も、すっかり有名になりましたね。とはいっても信繁自身についてわかっていることは少ないです。

真田家はもともと武田家の宿老でしたが、武田が滅亡した後は、あちこちと主君を乗り換えながら家の存続を図っていきます。そのような状態なので次男の信繁の前半生はほぼ人質としてたらい回しにされました。

まず織田から南信濃の木曽に預けられ、次いで上杉、さらに豊臣へと送られます。秀吉の死後、関ヶ原の戦いの時は西軍につき、上田城で東山道を進む秀忠軍を翻弄します。しかし西軍の敗北を知ると信繁らも降伏。信之と本多忠勝の助命嘆願で九度山に蟄居《ちっきょ》が命じられるに留まりました。九度山には14年間いたので、人生の3分の1も蟄居していたことになります。

大坂の陣の活躍で華々しいイメージが付き纏《まと》いますが、なんとも振り回されてる感がすごい人生ですね……。

東北を制した独眼竜

白日の下にさらされた男性宛直筆ラブレター

戦国時代の武将（二）

伊《だ》達《て》政《まさ》宗《むね》

米沢城主・輝宗の子。家督相続後、南東北に領土を広げる。のちに天下統一を間近にした秀吉に臣従。秀吉の没後は、徳川家康に接近。仙台藩60余万石の大領主となる。右目を失明し「独眼竜」とも称された。

享年
70歳
（1567〜1636）

やりとりが超まめで几帳面な戦国武将

戦国武将は、基本、自らは手紙を書かず、専門家（右筆）に書かせ、自身は署名するだけ、というのがほとんどです。ところが、伊達政宗の場合は、１０００通を超える自筆書状が残っています。秀吉が１３０通ほど、家康が30通ほどであることと比較すれば、いかに筆まめであったかが窺えますね。代筆の書状にも自筆できないことを詫びるものがあることから、自筆にこだわりが強かったことが窺えます。

恋文のようなもの、男色相手宛のものもあります。「浮気した」といって酒席で罵倒したところ、男色相手が自傷行為による血のついた起請文で身の潔白を示したので、「ごめんね、許して。どうかこの気持ちをわかって！」などと記しました。

さて、政宗はヨーロッパに家臣を派遣する「慶長遣欧使節」を行ったことでも有名です。その目的が、実はスペインと結んで幕府を倒すためだった、とする説もありますが、政宗の書状を見るに、最大の狙いは通商だったようです。使節団は政宗の書状をスペイン国王へ届けましたが、快い返答をもらえずに帰国しました。

関ヶ原で敗れ、処刑された

上司や同僚に責められなだめたり釈明したり

戦国時代の武将（二）

石《いし》田《だ》三《みつ》成《なり》

近江国（滋賀県）の生まれ。若い頃に秀吉に近侍した。豊臣政権下では五奉行のひとりとして太閤検地や兵糧の手配などの実務に手腕を発揮した。関ヶ原の戦いでは実質的に西軍を率いたが、敗れて処刑されている。

享年

41歳

（1560～1600）

秀吉の命に悪戦苦闘する中間管理職

現代の三成像は秀吉の命に忠実で頭の固そうなイメージですが、実際はそうでもありません。秀吉がキリスト教徒を全員を処分するよう三成に命じた際、三成はあれやこれやと理由をつけて、処分する対象をスペイン人のみにとどめたようです。また朝鮮出兵に対しても「日本だけで充分」と漏らしていたことが同時代の記録に残されています。現代の中間管理職に通ずる悲哀を感じますね……。

さて、そんな三成ですが、秀吉の没後に家康と対立を深め、家康が会津に出兵した隙に挙兵。各地の大名に家康への弾劾状を送り協力を求めました。三成は会津征伐に向かう大谷吉継を呼び止め、自城で相談し挙兵を決めたといわれます。真田昌幸の「なぜそんな大事なことをもっと早く伝えないんだ！」との怒りの声に対して三成が釈明する書状や、増田《ました》長盛などの奉行や淀殿らが家康に「佐和山が不穏です」と上洛を求める書状が残っており、後に西軍として協力関係になる将らが戸惑っている様子から、おそらく綿密に練られた挙兵ではなかったようです。

傷だらけの猛将

あの女城主に育てられ赤備えを率いる勇将に

戦国時代の武将（二）

井《い》伊《い》直《なお》政《まさ》

遠江国（静岡県西部）の小領主の跡継ぎとして生まれ、生育後、家康に仕えた。武田旧臣を中心とした「赤備え」の部隊を率いて数々の武功を挙げ、「赤鬼」と恐れられた。関東移封時、家中最高の12万石の知行を得た。

享年

42歳

（1561～1602）

目立つ真っ赤な鎧兜を着て戦で大活躍

直政は、もともと家康の家臣ではなく、遠江国境井伊谷に小さめの領地を持つ国衆・井伊家の出身でした。父が今川氏に誅殺《ちゅうさつ》されるなどして家督を継げる者が幼き虎松（直政）のみとなると、出家していた次郎法師が「直虎」と名を改め家督を代行。直政を後見して奮闘する姿は大河ドラマ「おんな城主直虎」で描かれました。生まれながらにして人生の苦境にあった虎松ですが、15歳のときに徳川家康に小姓（雑用係のようなもの）として抱えられます。『井伊家伝記』によれば家康が浜松城下で鷹狩りをしているときに気に入られたのがきっかけだったとされています。天正10年（１５８２）、22歳で元服し、直政を名乗ります。武田家滅亡後、直政は武田の旧臣たちを配下に加えました。この部隊は鎧兜《かぶと》を赤く染め、戦場でも目立つことから「井伊の赤備え」と称され小牧・長久手の戦いなどで活躍しました。

関ヶ原の戦いにおいても直政は軍監を務め功績を挙げています。戦後、近江佐和山（後の彦根）18万石が与えられましたが、その2年後、直政は死去しています。

生涯無傷の勇将

猛将でありながら気遣いの男

本《ほん》多《だ》忠《ただ》勝《かつ》

三河国の武将で、代々徳川（松平）家に仕えた。三方ヶ原の戦いなどの大きな戦や伊賀越えなどのピンチの時に家康を支えた頼りになる猛将。井伊直政、酒井忠次、榊原康政とともに「徳川四天王」に数えられた。

享年
63 歳
（1548〜1610）

多方面に気遣いができる優男な武将

本多忠勝といえば最強エピソードが掘り下げられがちですが、実際に忠勝の残した書状からは、最強とは別の側面の忠勝の姿が窺えます。忠勝には小松姫（稲姫）という娘がおり、家康の養女となったあとに真田信幸に嫁いだことで、忠勝は真田と親しい関係を築きます。真田の領内には草津温泉があり、そこを管理する真田家家臣の湯本氏に「前回のおもてなしありがとうございます。来春また訪れようと思いますので積もった話をしましょう。」と書状を送っています。このことから草津温泉のリピーターだったことがわかります。また同書に、「信幸と娘が不仲と聞きました。どうか娘と親しくして下さるようお願いします。御内様（信幸母）にも言伝お願いします。」と書いており、子煩悩だった一面も窺えますね。また、別の書状で、公共事業を担当した部下に「工事が遅れてて家康様は不機嫌でしたが、完成したのを見て喜んでいました。ありがとうございます。」と家康の様子を伝えたうえで感謝を述べています。これを見るに、気遣い上手な人ではないでしょうか。

浮き沈みも多かった

問鉄砲の伝説も、良心の呵責で死んだ説も嘘

戦国時代の武将（二）

小《こ》早《ばや》川《かわ》秀《ひで》秋《あき》

秀吉の正室の甥。秀吉の養子となり、のちに小早川家を継ぐ。関ヶ原の戦いで、西軍を裏切り、東軍（徳川方）の勝利を確定させた功績で、備前・美作国（岡山県）に50万石超の所領を得た。その2年後、21歳で早世。

享年

21歳

（1582～1602）

お酒の飲みすぎでアルコール中毒に

秀吉の甥で、後継者候補になったものの秀吉に実子・秀頼が生まれ、五大老の一人、小早川隆景の養子となったのが小早川秀秋です。

なんといっても有名なのが、関ヶ原の戦いで、西軍から東軍へ寝返り勝敗を決定づけたことです。秀秋は合戦がはじまってからもどちらにつくか悩んで動かなかったことから、家康は意思確認のため秀秋の陣をめがけて鉄砲を放ったという「問鉄砲」のエピソードが有名ですが、同時代の史料がないことから後世の脚色ではないかと最近ではいわれています。

秀秋は、関ヶ原での功績によって備前、美作に55万石ほどの所領を得ますが、合戦の2年後に21歳の若さでこの世を去っています。その死因については、自分の裏切りによって豊臣家が弱体化していったことに心を痛めて病になったという説もありますが、当時の医者の診断結果から見るに、直接的な原因は酒の飲みすぎによるものだそうです。

賤ヶ岳セブンのひとり

戦国時代の武将（二）

猛将イメージが強いが実は事務仕事が得意

加《か》藤《とう》清《きよ》正《まさ》

同郷のよしみで幼少期から秀吉に仕えたとされる。賤ヶ岳の戦いで活躍し「賤ヶ岳七本槍」のひとりに数えられる。肥後国（熊本県）に領地を得、朝鮮出兵でも活躍。関ヶ原では東軍に加わり、50万石超の所領を得た。

享年
50歳
（1562～1611）

秀吉に大きく貢献し官僚的な役割もこなす武将

秀吉子飼いの武将。出自についての同年代の史料がないのですが、後世の伝記によれば、尾張に生まれ、幼くして父を亡くし、母とともに近江長浜城の木下藤吉郎を頼り客分となったようです。清正の母と藤吉郎の母は従姉妹だったとされます。

15歳で元服してからは、秀吉の全国統一にともなって清正はコツコツ功を積み続けました。特に名高いのは「賤ヶ岳の戦い」。具体的な内容はわかりませんが、その活躍は「七本槍」と称され、結果的に３０００石の知行地を手に入れています。

その後、佐々成政が経営に失敗した肥後の北半分を領国として与えられています。

賤ヶ岳の戦いや朝鮮出兵のイメージから清正は武にすぐれた将として語られがちですが、その他の戦では、後方での兵站《へいたん》、武器調達など官僚的な役割を秀吉に期待されて従軍していたことが、最近の研究で明らかになっています。秀吉は天下統一の過程で「蔵入地」という直轄地を指定し、収入の安定を図るのですが、清正は代官として多くの蔵入地の管理も務めています。

実は強権もふるった

関ヶ原での遅刻にはそれなりの理由があった

戦国時代の武将（二）

徳《とく》川《がわ》秀《ひで》忠《ただ》

家康の三男。長兄は自害し、次兄は養子に出されたため、跡継ぎとなる。27歳で江戸幕府2代将軍となり、当初は大御所・家康とともに、家康の死後は自らが中心となって、初期江戸幕府の体制づくりに励んだ。

享年

54歳

（1579〜1632）

家康の死で荒れていた幕府の安定化に尽力

秀忠といえば真っ先に「あぁ、遅刻の人ね」と思う人も多いのではないでしょうか。真田親子と合戦していて関ヶ原の戦いに遅れたエピソードばかりが有名です。ただ実際のところ、大雨の影響で連絡や行軍がうまくいかなかった、家康の指示を守って真田を攻めたことなどがわかってきて、状況的に仕方なかったと見たほうが妥当なようです。

このように、最近では秀忠の評価が改められつつあります。（もともと悪く書かれすぎている感は否めませんが…）

父・家康が亡くなった頃は、まだ伊達政宗や上杉景勝、毛利輝元ら錚々たる戦国大名が存命しているという、まだまだ戦国の気風が残る時代。その中で徳川に反抗的な大名を40人以上改易させるなどの断固たる対応をとり、幕政の安定化につとめるなどしました。そもそも代替わりすることすらままならない時代ですから、親子でいかに盤石な体制を築くか、それに腐心していたのが窺えますね。

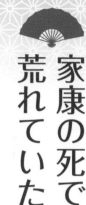

悲運の天下人の後継者

本当の父親が誰なのか最新の研究で判明した

戦国時代の武将（二）

豊臣秀頼《とよとみひでより》

子宝に恵まれなかった秀吉の唯一の後継者。関ヶ原の戦いで家康が勝利すると、一大名の地位に貶められた。母・淀殿らとともに兵を集め、復権をかけた大坂の陣を起こすが、敗れて自害。正室は家康の孫・千姫。

享年
23歳
（1593～1615）

若くして命を落とした秀吉の秘蔵っ子

豊臣秀吉の第3子にあたり、幼い頃から後継者として指名されていたのが秀頼になります。秀吉には別妻がたくさんいるにもかかわらず、茶々（淀殿）との間にしか子が生まれなかったことなどから、実は実子でないのではないかともいわれていますが、最近は研究が進み戦国時代の妻が持つ権力がわかってきたり、史料が再検討された結果、実子で間違いないのではないかという見方も強まっています。

5歳の頃に秀吉が死去。幼い秀頼を補佐する名目の五大老・五奉行制はまもなく瓦解し、7歳の頃に関ヶ原の戦いを迎えます。両軍ともに秀頼を奉じて挙兵したわけですが、当然幼い秀頼に状況を判断する能力もなく、大坂城で状況を静観するほかありませんでした。合戦後、西軍に与した大名らの多くは所領を奪われ、豊臣家の蔵入地も多くが没収されて、摂津・河内・和泉の3国まで減らされますが、公儀として依然として強い影響力を持っていたとされています。その後、方広寺の鐘の文言をめぐって徳川と対立。大坂の陣に敗北し23歳の若さで自刃しました。

四国の覇者の転落人生

関ヶ原も、大坂の陣も張りきった末に大敗

戦国時代の武将（二）

長《ちょう》宗《そ》我《か》部《べ》盛《もり》親《ちか》

父の跡を継ぎ、土佐国（高知県）の領主となる。朝鮮出兵などにも出陣。関ヶ原の戦いで敗れて領国を没収され、浪人生活を経験する。大坂の陣では豊臣方に加わり、真田信繁らとともに「大坂五人衆」の異名をとった。

享年

41歳

（1575〜1615）

大名としての復帰を目論むも断念

父が土佐を統一した年に盛親は生まれました。家督は長男が継ぐのが既定路線で、四男の盛親が跡継ぎになる予定はありませんでしたが、のちに兄が戦死し跡継ぎ問題が浮上。とはいえ、盛親が正式な後継者となるまで4年を要していること、切腹を命じられた家臣がいることから、すんなりとは決まらなかったことが窺えます。

当主となった翌年、関ヶ原の戦いで盛親は、２０００人の軍役要求に対して５０００人を動員しており、気合の入りようを感じますが、戦が一瞬で決着がついてしまったこともあり、何もできず敗北。土佐一国を没収され一介の浪人となります。

その後、通説では京で寺子屋の師匠をしていたとされますが、書状から見るに、合戦後しばらくは伏見に居住していたようです。家臣に暇を出す際「進退が決まったら帰参して下さい」とも伝えているので、大名としての復帰を目論んでいたようです。しかし、１６０５年頃には断念して京都に移住。のちの大坂の陣の勃発の際に一念発起して大坂方に加わり奮戦するも敗北。京中を引き回しのうえ斬殺されます。

コラム
2

最強の戦国武将は誰か

◆本多忠勝か、島津義弘か 宮本武蔵ら剣豪の存在も忘れてはいけない

さて、ここまでたくさんの魅力ある戦国武将たちを紹介してきましたが、これらの人たちの中で最も強いのは誰でしょうか。本書でも紹介した徳川四天王のひとり・本多忠勝は、生涯で50数回も戦って無傷だったという逸話があるくらいですから、最強候補のひとりといえるでしょう。

その本多忠勝と並び称され、秀吉からも「天下無双」と称えられたという立花宗茂や、朝鮮出兵でも活躍し関ヶ原の戦いで敵中突破を敢行した島津義弘なども有力候補です。

それだけではありません。戦国期には「武将」というより「剣豪（剣の達人）」としてならした人たちもいます。足利将軍の師でもある塚原卜伝、新陰流を開いた柳生宗矩、そして巌流島の戦いで有名な元祖二刀流の宮本武蔵なども間違いなく強そうです。

◆総合力なら信玄か、謙信か それとも、やはりあの武将か？

しかし、武将の強さは、一対一の戦いだけで測れるものではありません。最強の軍団を育成し、軍略の限りを尽くして敵を圧倒する、大将としての器も評価しなければなりません。

毛利元就は、兵法を駆使した巧みな戦略で、小領主から中国全土を支配する大大名へと成り上がりました。武田信玄は、強力な軍団をつくり上げただけでなく、情報戦で敵の家臣を裏切らせるなどの調略戦も得意としました。「戦国最強」の異名をとるだけのことはありますね。その信玄のライバル・上杉謙信は、強大な家臣団を従え、さまざまな軍略を駆使しただけでなく、自らも敵陣に乗り込む超一流の兵士として名を連ねたほどですから、こちらも最強候補なのは間違いありません。

「戦国の三英傑」はどうでしょうか。信長は戦に次ぐ戦に追われ、意外と負け戦も多いのですが、桶狭間や長篠の戦いなど、いざという時に天才的軍事能力を発揮するのであなどれません。秀吉は兵糧攻めなど戦わずに城を落とす名人でもありました。関白になり権力を掌握してからは20万超の軍勢で小田原を攻めたくらいですから、当時最強だったのは間違いありません。しかし、秀吉の死後、家康は20万の兵で大坂城を囲み、その豊臣家を滅ぼしました。戦国最終勝者の家康こそが最強といえるかもしれません。

彩った偉人

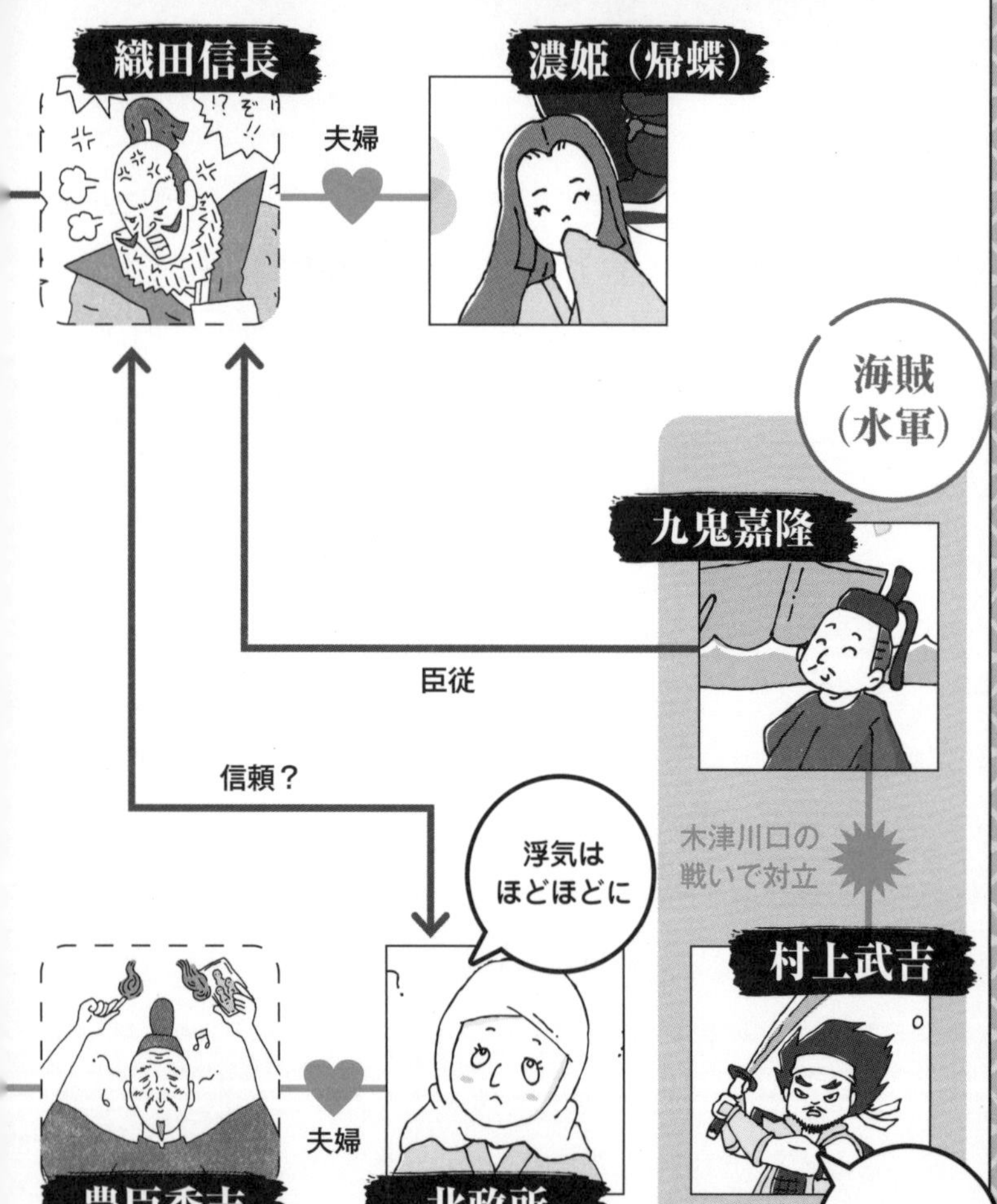

織田信長
濃姫（帰蝶）
夫婦
海賊（水軍）
九鬼嘉隆
臣従
信頼？
浮気はほどほどに
木津川口の戦いで対立
村上武吉
豊臣秀吉
北政所
夫婦
海ってサイコー！

第五章 戦国の世を

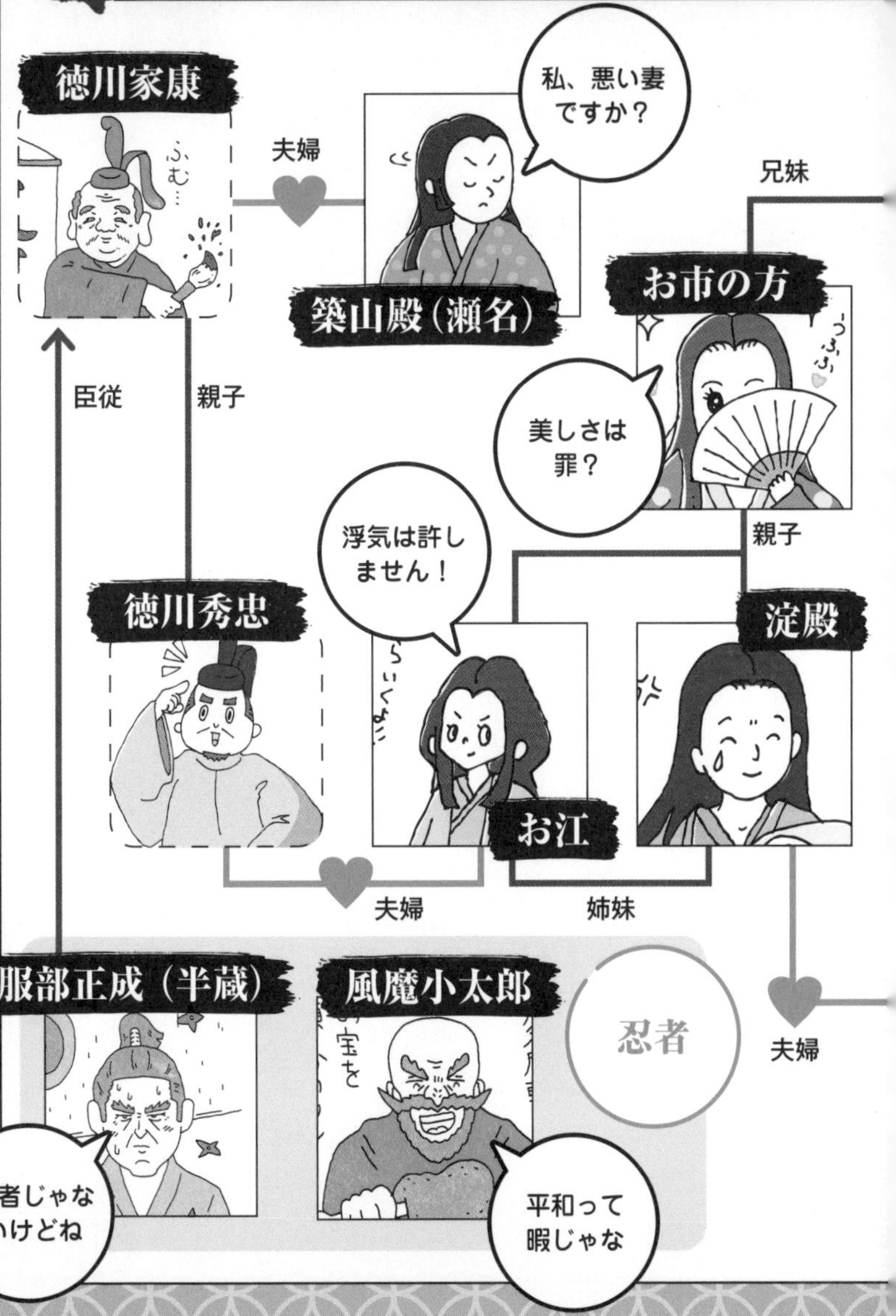

徳川家康
ふむ…
夫婦
築山殿（瀬名）
私、悪い妻ですか？
兄妹
お市の方
うふふ
美しさは罪？
臣従
親子
親子
浮気は許しません！
徳川秀忠
お江
淀殿
夫婦
姉妹
夫婦
服部正成（半蔵）
風魔小太郎
忍者
忍者じゃないけどね
平和って暇じゃな

非業の死を遂げた信長の妹

史料にも記されていた国宝級美女である証明

戦国時代
その他

お市《いち》の方《かた》

織田信長の妹。北近江（滋賀県北部）の浅井長政に嫁ぎ、茶々（淀殿）、初、江の三姉妹を生む。浅井家滅亡に際し、三姉妹を連れて織田家に戻る。のち柴田勝家と再婚。落城時に三姉妹だけ逃がし、勝家とともに自害。

享年
37 歳
（1547〜1583）

天下一の美女といわれる所以

織田信長の妹・お市の方は、「戦国一の美女」といわれています。本当でしょうか？お市の方が美女だったとする根拠は、江戸時代中期に成立した『祖父物語』という史料で、その中に「天下一の美人の聞こえ有り」と書かれています。さらに、その美しさゆえに、秀吉がお市の方と結婚することを望んでいたとまでいわれています。これはあくまで江戸時代に書かれたお話ですが、戦国時代に記されたとされる史料『渓心院文』の中にも、落城間際の北庄城で姿を現したお市が、「ことのほか美しく、22、3歳に見えた」という記録があるのです。

この時のお市は30代半ば～30代後半と考えられているので、一回りも若く見えたわけですから、美人だったのは間違いない、といってもいいかもしれません。

お市は北庄城落城の際に、二人目の夫、柴田勝家とともに自害してこの世を去りましたが、お市の娘で、秀吉の妻となった茶々が在りし日の両親の姿を肖像画に描かせています。

戦国を代表する悪妻？

最新の研究でわかった
その出自や夫との関係

戦国時代
その他

築山殿《つきやまどの》（瀬名《せな》）

今川義元の姪といわれ、人質時代の家康の妻となる。家康とは1男1女をもうけた。家康が浜松に拠点を移した後も三河国（愛知県東部）岡崎にとどまった。武田との内通を疑われ、息子とともに命を奪われた。

享年

？歳

（？～1579）

今川義元の姪ではなかったとされる説が見つかる

家康の正室・築山殿（瀬名）というと、これまでは戦国時代を代表する悪女として描かれることがほとんどでした。「今川義元の姪という身分なのに、人質あがりの家康と結婚させられたため、家康を見下していた」というような設定が多く、夫・家康との関係も最悪です。

しかし、近年の研究では築山殿の出自についても再検証が行われており、今川義元の姪ではなかったという説があります。さらに、家康の今川家での立場も、人質ではなく幹部候補生として将来を期待されていたことが指摘されています。

もっとも、築山殿と家康が別居していたことは事実で、二人の仲が良かったとは私も思っていませんが……。

その最期は、敵対していた武田家との内通が露見し、息子・信康ともども、家康に殺されてしまった「築山事件（信康事件）」として有名ですが、この事件に関しても実情はまだわかっていません。

謎多き覇王の妻

本能寺の変で信長とともに戦った説は誤り

戦国時代
その他

濃《のう》姫《ひめ》（帰《き》蝶《ちょう》）

美濃国（岐阜県）の斎藤道三の娘。信長のもとに嫁ぐ。美濃の姫であったため、「濃姫」と呼ばれた。本名は「帰蝶」ともいわれるが、実際のところは不明。実子はおらず、夫の死後は側室の子の世話になったとされる。

享年

？歳

（生没年不評）

織田信長の正妻として輝いた人物

斎藤道三の娘にして、織田信長の正室・濃姫（帰蝶）。「尾張のおおうつけ」として有名な信長に嫁入りする際、父・道三から短刀を渡され「本当に信長がうつけ（愚か）者ならこれで刺せ」といわれると、「わかりました。しかし、この短刀で刺すのは父になるかもしれません」と語ったという逸話から、魔王・信長の妻にふさわしい烈女として描かれることも多いのですが、その実態はよくわかっていません。なぜなら、濃姫に関する同時代の記録がまったくといっていいほどないからです。信長の妻であるにもかかわらず、ここまで記録がないのも不自然なので、おそらく濃姫は、若くして亡くなってしまったのではないでしょうか。時代劇では、本能寺の変で信長とともに戦い散っていったとされることも多いですが、これも根拠はなく、むしろ遠征中の信長に正妻の濃姫が付き従っているのは不自然です。

信長の次男・信雄《のぶかつ》が、本能寺の変後に残した織田家の記録には「安土殿」と呼ばれる女性がおり、安土城は信長の本拠地から、「安土殿」が濃姫かもしれません。

浮気にも耐えて家を守った

信長にも一目置かれた豊臣家を支える正妻

戦国時代
その他

北政所《きたのまんどころ》

まだ身分が低かった頃に、秀吉と恋愛結婚。若い武将たちの世話をするなど豊臣政権を陰で支えた。武将たちからも慕われていたという。秀吉の死後は出家。淀殿と違い、家康とは融和政策をとったともいわれる。

享年
? 歳
(? ～1624)

呼び方が多く存在する秀吉の正室

「北政所」とは、本来、摂政や関白の妻を指す一般名詞なのですが、通常、豊臣秀吉の正室のことを指す場合が多いです。本名は「ねね」もしくは「おね」などの呼び方が有名ですね。出家したのちは「高台院」とも呼ばれます。

秀吉との間に実子は生まれませんでしたが、加藤清正や福島正則など子飼いの武将を幼年期から育てたとされ、豊臣家（羽柴家）を支える重要な柱だったといえます。また、ねねが秀吉の浮気を信長に訴え、それを受けた信長が返信した手紙が残っているのですが、その内容は「あのハゲネズミ（秀吉）にあなた以上の妻を迎えることなどできないのだから、堂々とするように」といった、信長がねねを励ますものになっています。

信長の人間味が垣間見えるエピソードとしても面白いですが、それだけねねは、信長と信頼関係を築いていたということでしょう。秀吉の出世の陰には、彼女の力添えがあったことは間違いありません。

天下人の子を宿した

復讐のために秀吉の子を産んだ説もある

戦国時代
その他

淀《よど》殿《どの》（茶《ちゃ》々《ちゃ》）

浅井長政とお市の間に生まれた三姉妹の長女。秀吉の側室となり二人の男子を生んだ（ひとりは早世）。秀吉の死後、家康と対立し、大坂の陣を起こすが、敗れて自刃。浅井、柴田、豊臣、と三度の落城を経験した。

享年

？歳

（？～1615）

秀吉よりも息子をあまりにも愛しすぎた妻

お市の方の長女で、のちに秀吉に嫁ぎ、秀頼を産んだ淀殿。実の父・浅井長政と義理の父・柴田勝家、そして母・お市の「仇」ともいえる秀吉に嫁ぐことになったのは、なぜでしょうか？　淀殿には戦国一の美女・お市の面影が宿っていたので、女好きの秀吉にいい寄られ、断りきれなかった、ともいいますが、真相は謎です。そもそも秀頼は秀吉の子ではないのでは、という噂も昔からありました。秀頼は大変な長身でしたが、秀吉はとっても小柄でした。また、秀吉のあまたいる側室にはほとんど子ができなかったのに、淀殿との間には二人も子ができたのは少々不自然な気もします。そのため、秀頼は別の武将との間にできた子で、それを実子として育てさせたことこそ秀吉に対する淀殿の復讐だった、とする説もありますが……ほとんど根拠はありません。少々ワイドショー的すぎですね。

淀殿は気が強く、子を溺愛しすぎたために大坂の陣の悲劇が生まれたと批判もされますが、結果論にすぎない気がします。秀頼を溺愛したのは事実でしょうが。

信長の姪でもある

自分はバツ２だが夫の浮気は許さない

戦国時代
その他

お江《ごう》

浅井三姉妹の末妹。父母の死後は姉たちとともに秀吉の保護を受けた。のちに尾張大野城主・佐治一成と結婚したが離縁となり、その後、秀吉の甥・秀勝と再婚。秀勝の病没後、徳川秀忠と結ばれ、2男5女を産んだ。

享年
54歳
（1573～1626）

気がとても強くかなりのメンヘラ気質

お市の方の三女、つまり淀殿の妹で、三度目の結婚で二代将軍・徳川秀忠の正室となったのが、お江です。こちらも気が強く、しかも嫉妬深いことで有名で、「夫・秀忠を尻に敷き、浮気を絶対に許さなかった」とか「兄の家光ではなく、弟の忠長を偏愛して次期将軍にしようとし、家中を混乱させた」といった、よくない噂がいっぱいありますが……、どれも根拠は薄いようです。

確実なのは、秀忠との間にもうけた2男5女のうち、家光は三代将軍となり、娘の和子《まさこ》は天皇家に入内し皇女を産んだことです。和子の子は、のちに女帝・明正天皇として即位しますから、「将軍の妻にして母」「天皇の祖母」という押しも押されもしない江戸のゴッドマザーとしての地位を確立するのです。（ただし、厳密には、明正天皇が即位するのは、お江の死後ではあります。）

また、江戸幕府の草創期に当たり、将軍の妻「御台所」の地位と、その居所「大奥」の確立に努めたのも、彼女の功績といえそうです。

「鬼の半蔵」の異名をとった

実際は忍者ではなく槍が得意な足軽大将

戦国時代
その他

服部《はっとり》正成《まさなり》（半蔵《はんぞう》）

伊賀国（三重県北西部）出身の父・保長の代から徳川（松平）家に仕えた。伊賀の忍びを率い、数々の戦いや伊賀越えで活躍して功績を挙げた。江戸に移ってからは、与力30騎、伊賀同心200人を率いたとされる。

享年
55歳
（1542〜1596）

わざとハズして敵を
油断させる
忍法でござる…

有名な伊賀忍者を率いた足軽大将

徳川家に仕える忍者として有名な服部半蔵。しかし、「半蔵」というのは、服部家当主が代々名乗った通称で、家康の天下取りに活躍したのは二代目の半蔵。本名は「正成」といいます。

しかも、正成自身は忍者というわけではなく、伊賀忍者を率いた足軽大将でした。正成の父・保長が伊賀の出身で、伊賀衆とつながりがあったことから忍者の棟梁に抜擢されたものと考えられます。

正成は槍の名手だったともいわれますが、最も著名な活躍は、家康の伊賀越えを助けたことでしょう。本能寺の変が起きた際、堺見物をしていた家康は、明智軍の追っ手を振り切って、命からがら三河へ帰国しましたが、この時、半蔵が伊賀・甲賀の忍者たちを護衛に加えて家康を守ったのです。

天下取りに、伊賀忍者たちは必要不可欠な存在でしたが、その功績とは裏腹に、服部家は長くは続かず、忍びたちにストライキを起こされてしまい、失脚するのです。

忍びたちのドン

戦国時代
その他

口は裂け、牙は4本
異様な風采の忍び頭

風《ふう》魔《ま》小《こ》太《た》郎《ろう》

相模国（神奈川県）の足柄山を拠点とした忍び集団の首領。元野武士で、風間の地に住み、のちに「風魔」と改名したともいう。北条氏に仕え、武田軍との戦いなどで活躍した。北条家滅亡後は江戸で盗賊になったという。

享年
？歳
（生没年不詳）

明日は大名屋敷から
お宝を頂くかのう!!
がハハハ…

身長が2メートル超えの大巨人

北条氏のもとで忍びとして活躍したとされる風魔党。その頭領は代々「風魔小太郎」を名乗ったとされていますが、実際は「風魔」ではなく「風間（摩）」で、読みは「かざま」だったようです。

江戸前期の書『北条五代記』には、身長約2・2メートル、手足は筋骨隆々で瘤《こぶ》だらけ。頭が長く、目は吊り上がり、口は左右に裂けて牙が4本あった、とあります。これでは、かなり虚飾があると考えてよいでしょう。

しかし、忍者集団である風間党を、北条氏が重用していたことは事実で、北条氏政が風間党の扱い方について指示を出す書状が現存しています。武田や上杉といった強敵たちと渡り合うには、忍者の力は必須でした。

やがて戦国時代が終わり、泰平の世が訪れると、忍者の役割も終わりを告げます。北条氏が滅亡し、主を失った風間党は一介の盗賊に落ちぶれ、のちに江戸幕府から懸賞金をかけられるお尋ね者となりました。

瀬戸内の制海権を握る？

信長に一泡吹かせた最強の瀬戸内海賊王

戦国時代
その他

村《むら》上《かみ》武《たけ》吉《よし》

伊予国（愛媛県）の能島を本拠とし、海賊衆を率いて瀬戸内海で活躍。伊予国の河野氏や大内氏などとも結んだが、独立は維持した。のちに厳島の戦い以来、毛利氏と連携し、やがて臣従。戦や水運で大いに活躍した。

享年
72？歳
（1533？～1604）

最強の水軍を率いた海の武将

「戦国武将」というと、馬に乗り、槍を振り回して敵を倒す、というイメージが強いように思われますが、戦国の世になくてはならない独特の輝きを放ったのが、「水軍」または「海賊」と呼ばれる「海の武将」たちです。その中でも最強と恐れられた村上水軍を率いたのが、村上武吉でした。

村上水軍は、毛利が陶晴賢を破り、中国での覇権を築く大きな画期となった厳島の戦いで毛利方につき、勝利を呼び込みました。また、木津川口の戦いで織田信長の水軍を徹底的に焼き払ったことでも有名です。

しかしながら、秀吉による天下統一が進む中で海賊禁止令が出され、徐々に活躍の場は狭くなります。しかも、関ヶ原の戦いで毛利が西軍についたことから、その後はさらに没落。最後は周防大島で静かに余生を過ごしました。

ところが、村上水軍の影響は近代になっても残ります。『坂の上の雲』でも有名な明治期の海軍名参謀・秋山真之は村上水軍の戦法をよく研究したそうです。

信長、秀吉を水上から支えた

乗員5千人とされる メガ盛船を6隻も建造

戦国時代
その他

九《く》鬼《き》嘉《よし》隆《たか》

志摩国（三重県中東部）の小領主の子。はじめ北畠氏、のちに織田氏に仕え、3万5000石の領地を賜る。信長の死後は秀吉に仕え、水運などをつかさどり、朝鮮水軍とも戦った。関ヶ原では西軍に与し、戦後自刃した。

享年
59歳
（1542〜1600）

信長とタッグを組んで巨大な鉄甲線を造った第一人者

毛利氏率いる村上水軍に対して織田水軍の中心となったのが九鬼嘉隆です。元は伊勢の小勢力でしたが、やがて信長の配下に加わり、伊勢長嶋の一向一揆や本願寺攻めで大活躍しました。ところが、前述のように毛利水軍との戦では、焙烙《ほうらく》という手投げ爆弾や火矢によって徹底的にやり込められてしまいます。

しかし、それでもへこたれないのが九鬼嘉隆と織田信長です。敵が爆弾や火矢を使うのなら、絶対に燃えない船を造ろう！　というわけで、なんと鉄板で装甲した巨大な鉄甲船を造ってしまいました。当時の史料によれば、大きさは縦が約23m、横12～13mで5千人も乗ったという巨大なものです。しかも、なんと6隻も造ったのだそうです！　これにより、九鬼らは毛利水軍を撃破できたのです。

ただし、この話をママ信じると、なんか横幅が妙に広い変な船ですし、5千人は盛りすぎでしょう。伝聞に基づく記録なので、かなりオーバーに書かれているようですね。ただし、新型戦艦を造って毛利を圧倒したというのは事実でしょう。

りの人々

信頼
派手な娘はいないかな？
藤原実資
両手に花？
夫婦
一条天皇
夫婦
中宮定子方
中宮定子
出仕
定子様LOVE
ライバル？
紫式部
嫌な女ばっか！
清少納言

第六章 紫式部とゆか

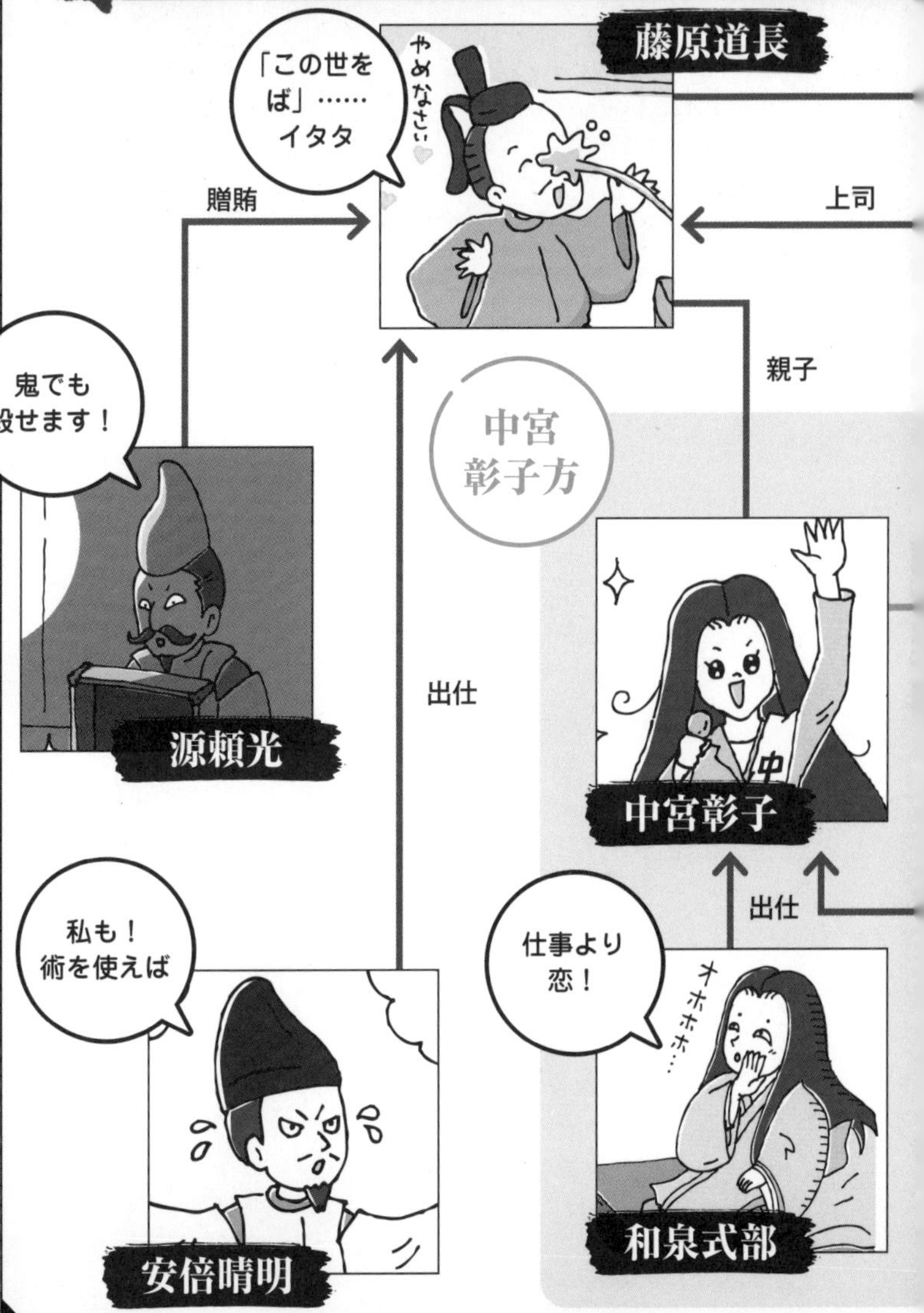

藤原道長
「この世をば」……イタタ
やめなさい
贈賄
上司
親子
中宮彰子方
鬼でも殺せます！
源頼光
出仕
中宮彰子
中
出仕
仕事より恋！
オホホホ…
和泉式部
私も！術を使えば
安倍晴明

史上最高の物語作者？

ライバル女流作家を日記でディスりまくり

平安時代
その他

紫《むらさき》式《しき》部《ぶ》

漢詩人で受領層の貴族・藤原為時の娘。父に従い、越前国（福井県北部）に移住したこともある。夫の死後書いた『源氏物語』が藤原道長の目に留まり、道長の娘で一条天皇の后となった彰子に女房として仕えた。

享年
？歳
（生没年不詳）

知らない人はいないと言えるほどの文学史に残る作家

紫式部の著した『源氏物語』は、日本、いや世界の文学史上に残る大傑作であり、日本人なら知らない人はいない、といっても過言ではないでしょう。『源氏物語』は、平安貴族の間でも話題になっていたといわれています。

とはいえ、政治の中枢にあった貴族たちからすれば、紫式部は決して「大作家」「セレブ小説家」ではなく、あくまでも「中宮彰子に仕える女房の一人」として扱われることが多かったようです。一例ですが、右大臣まで務めた藤原実資は、自身の日記に「たびたび遣いとして『（藤原）為時の女《むすめ》（＝紫式部）』を使っていた」という主旨のことを書き残しているのです。

もちろん、宮廷行事などの際、「記録係」としての役割を担うこともあったようなのですが、文才を活かしてはいるものの、あくまで宮仕えの一員としてしか扱われていません。職業としての「作家」が確立されてはいない時代ですから、当然といえば当然なのですが……。

ライバルである才女たちを日記で総スカンで評判ガタ落ち

そんな紫式部の評判を一部で落としているのが、彼女が残した『紫式部日記』の中で、ライバルともいうべき才女たちをこきおろしていることでしょう。

たとえば、和泉式部のことを「けしからぬ（よろしくない）ところがある」「本格派の歌人っぽくはない」などといっています。「よろしくない」理由は書いていませんが、奔放な恋愛関係のことかもしれません（164ページ参照）。また、清少納言については「したり顔したとんでもない人」で、「かしこぶって漢字（漢文）を書き散らしているけれど、よく見ればまだ足らないことばかり」と容赦がありません。

ただし、これらは自分の娘に対して教訓として書き残した、あくまで内輪の文章だとする説もあるので、額面通りに受けとらないほうがよいかもしれません。

藤原道長と和歌を交わしながら愛を深めた愛の記録

さて、紫式部は、権力者・藤原道長の愛人だったという説があります。本当でしょうか？　これは、決して最近生まれた説ではなく、南北朝時代に編まれた『尊卑分脈』という史料にも「御堂関白道長妾」と記されているのです。『紫式部日記』にも仲睦まじく和歌を交わしている場面などが描かれており、二人が恋仲だったかのように感じさせる面も多々あります。

そもそも紫式部は、夫と死別し、その悲しみを紛らわすために書かれたともいわれる『源氏物語』が、権力者・藤原道長の目に留まり、道長の娘・彰子の女房として抜擢された、といわれています。道長は実はイケメンだったともいわれており、互いが互いに好意を持っていた可能性は大いにあったといえるでしょう。

とはいえ、二人には身分差もありますし、もし二人が公然の仲であったならば、他の歴史物語などにも多少の言及がありそうです。一、二度、ラブアフェアはあったのかもしれませんが、継続的な愛人というわけではなかったと思われますね。

権力の頂点に立った望月の人

帝候補となった孫におしっこかけられ歓喜

平安時代
その他

藤原道長《ふじわらのみちなが》

関白・兼家の子。兄たちが病没した後、甥との争いに勝ち、権力を握る。その後、3人の娘を帝の后とし、三代続けて自分の孫が天皇となったことで絶大なる権力を得た。子の頼通とともに摂関政治の頂点に君臨した。

享年
62歳
(966〜1027)

絶対的な権力を握って平安朝を支配

平安中期に「摂関政治」の頂点に立った政治家として有名な藤原道長ですが、実際に摂政になったのはほんの1年ほどで、しかも関白にはなっていません。

道長が権力を得たのは、娘たちを次々と天皇の嫁にやって皇子（すなわち将来の天皇）を産ませたことが大きかったといえます。道長は後一条、後朱雀、後冷泉という三代の天皇の外祖父となり、絶大な権力を握りました。それゆえ、最初の皇子（のちの後一条天皇）が生まれた時の喜びは非常に大きかったようで、一緒に遊んでいた皇子におしっこをかけられてしまった時、「この子のおしっこで濡れるなんて嬉しいことだ」と語ったという話が『紫式部日記』に描かれています。

その後、「この世をば我が世とぞ思う……」と歌に詠むほど、権力の絶頂を極めた道長でしたが、実はその頃、ある悩みを抱えていました。糖尿病が悪化しており、目がよく見えず、胸の痛みなどにしばしば襲われていたと日記に綴っています。体調面では「この世」は思い通りにならなかったようです。

平安朝きってのエッセイスト

主君・定子のために『枕草子』を書いた

平安時代 その他

清少納言《せいしょうなごん》

歌人清原元輔の娘。橘則光と結婚して子をもうけたが、やがて離別。その後、関白道隆の娘・中宮定子に女房として仕える。その頃のエピソードなどを綴ったのが、随筆『枕草子』。中宮の死後、再婚もしている。

享年

? 歳

(生没年不詳)

自らの自慢話を綴った有名作家

『枕草子』を著した才女・清少納言。しかし、世間の評判は必ずしもよくはないようです。最大の理由は『枕草子』の中で数々の自慢話を綴っていることでしょう。最も有名なのが、ある雪の日、お仕えしている中宮定子に「香炉峰の雪はどうでしょう」と問われ、「これは白居易の詩にある『香炉峰の雪は簾を撥《かか》げて看る』のことをほのめかしているのだ」と気づき、そっと簾を巻き上げた、というエピソードでしょう。確かに、自分の教養と機知を自慢しているようで、嫌われるのもわかる気がします。紫式部が「したり顔」した女などと評すのも当然かもしれません。

とはいえ、そんな清少納言も、宮仕えをはじめたばかりの頃は「恥ずかしいことばかりで涙も落ちそうになっていた」と語っていますから、実際には、繊細なところがある女性だったのかもしれませんね。「香炉峰の雪」のエピソードも、自慢話ではなく、大好きだった中宮定子やまわりの女房たちの暮らしが、教養にあふれ華やかなものだったことを主張したかったにすぎない、という説もあるのです。

一条天皇の初恋の人？

後先考えずに出家したファーストレディ

平安時代
その他

中《ちゅう》宮《ぐう》定《てい》子《し》

時の関白・藤原道隆の娘。15歳で一条天皇のもとに入内し、中宮となる。しかし、父の死後、実家・中関白家は没落。一条天皇との間には1男2女をもうけたが、道長や彰子の権力に押されたまま、25歳で没した。

享年
25歳
(976〜1000)

後先考えずに感情で突っ走るお転婆娘

関白・藤原道隆の娘で一条天皇のもとに入内したファーストレディ。現代では、清少納言が女房として仕えた女性として有名です。

この中宮定子は、当時の女性としては珍しく漢詩などの素養があり、天皇や女房たちにもやさしく、そして明るく接する女性だったらしく、4歳年下の一条天皇はかなりベタ惚れだったようです。

しかし、幸福な時は長く続きませんでした。父・道隆が病没すると、兄・伊周《これちか》らは傷害事件や呪詛の疑いをかけられ罪人となり、一気に実家が没落してしまったのです。その報を聞くや定子は出家してしまうのですが、これは当時としては大事件。中宮が仏門に入ってしまっては、天皇家が神事などを行うのに非常に都合が悪いからです。これが、中宮として定子がいるにもかかわらず、ライバルである道長の娘・彰子をもう一人の后（皇后）とする口実になってしまいます。ひょっとすると定子は、後先考えずに感情で突っ走ってしまうところがあったのかもしれませんね。

道長の娘から天皇の母に

「お飾り」的存在から天下第一の母に成長

平安時代
その他

中《ちゅう》宮《ぐう》彰《しょう》子《し》

藤原道長の長女。一条天皇のもとに入内。紫式部や和泉式部が女房として仕えたことでも有名。子どもたちが後一条、後朱雀天皇として即位し、自身は皇太后、太皇太后宮となり、出家後、上東門院の院号を賜わる。

享年
87 歳
(988〜1074)

一条天皇のお飾りではなく自分の芯を持っていた美女

平安時代マニアにとって、中宮定子はすぐれた才能を持った悲運の女性、というイメージが強いのに対し、中宮彰子のほうは父・藤原道長の威光に従って一条天皇のもとに嫁入りしただけの無能なお人形さんのような女性、というイメージでとらえられていることが多いようです。

確かに彰子が皇后（中宮）となった時は、まだ13歳。これは数え年ですから、現在なら「小6」です！　年上の定子を溺愛していた一条天皇にとっては、8歳も年下の、まだお子様のような存在であったとしても仕方のないところでしょう。

しかし、彰子は「お人形さん」としてお飾りで一生を終えたわけではありません。一条天皇と死別してから徐々に自分の意見をはっきり表に出すようになり、父であり権力者であった道長に対しても、意見して宴会をやめさせたり、息子の天皇を後見して政治に介入したりするようにもなったのです。87歳という長寿を誇った彼女は、「天下第一の母」とまで称されるようになります。

「愛の日記」を綴りました

2人の親王と不倫して正妻から親王を奪った

平安時代
その他

和泉《いずみ》式部《しきぶ》

受領層の貴族・大江雅致の娘。橘道貞と結婚、のちに藤原保昌と再婚。その間に為尊親王、敦道親王などの寵愛を受ける。紫式部などと同様に中宮彰子に女房として仕えた。歌人として有名で勅撰集にも多数選ばれている。

享年

？歳

（生没年不詳）

夫だけでなく多方面からモテモテだった悪女

平安中期を代表する歌人であり、紫式部とともに中宮彰子を守り立てる女房として仕えたのが和泉式部です。『和泉式部日記』の著者としても有名ですね。

しかし、この和泉式部は、現代風にいうと、かなり恋多きスキャンダラスな女性だったようです。まず式部は橘道貞という男性と結婚し、一女をもうけています。ところが、夫が受領となって京を離れているうちに、冷泉天皇の皇子・為尊親王と恋に落ちます。これだけでも十分スキャンダラスなのですが、それだけで終わりません。為尊親王が亡くなると、翌年、その弟の敦道親王と恋に落ち、やがてその宮廷で暮らすことになります。それにより、先に入っていた正妻が宮廷を離れることになるわけですから、現代風にいえば略奪愛！　しかも、この間、夫・道貞とは正式に別れていないと思われますし、他にも愛を語らった男性はいたようです。

ただし、当時は一夫多妻の妻問婚で、どこまでを婚姻関係とするかは微妙なところ。夫の道貞にももちろん他の妻がいたことを考慮する必要もあるでしょう。

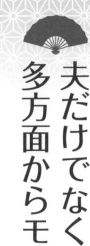

伝説の陰陽師

雨乞いから治療まで 史実の上でも超腕利き

平安時代
その他

安《あ》倍《べの》晴《せい》明《めい》

中下級貴族であった安倍益材の子とされる。陰陽道の大家であった賀茂忠行、保憲父子から学び、当代一流の陰陽師となる。著書に『占事略決』などもある。一条天皇の命により晴明を祀った晴明神社も創建された。

享年
85？歳
(921？〜1005)

人々を救った平安時代のスーパースター

小説やマンガ、映画などでもおなじみの安倍晴明は、実在の人物で、紫式部らと同じ時代を生きた陰陽師です。現代では、さまざまな術を使って敵を懲らしめるスーパースターとして描かれることも多いようですが、その伝説はすでに平安時代から鎌倉時代の間に形作られていました。

『今昔物語集』などでは、「式神」という一種の鬼人を召使いのように使い、呪術で生き物を殺したり、悪者と術比べをして勝ったりと、さまざまな伝説が語られています。鬼たちの姿が見え、天体の動きで天皇の譲位を知ることもできたとのことです。

もちろん、これらは伝説ですが、晴明は実際に腕のよい陰陽師ではあったようです。一条天皇が病気になった時に呪術をもって治療し正五位上の官位を得たり、貴族の求めに応じて雨乞いの儀式をつかさどって見事成功させたりといった実績が当時の日記などに出てきます。怨霊などの存在が信じられていた当時の人々にとっては、本当の意味でスーパーヒーローだったのかもしれませんね。

うるさ型の実務派貴族

宴会中にも規則違反をチェックする堅物貴族

平安時代
その他

藤原実資《ふじわらのさねすけ》

藤原斉敏の三男。祖父・実頼の養子となり、小野宮家を継ぐ。のちに右大臣にまで出世。小野宮の右大臣の日記という意味で、彼の日記は『小右記』と呼ばれる。儀式や故実に詳しく、道長を中心とする政権を支えた。

享年
90歳
（957～1046）

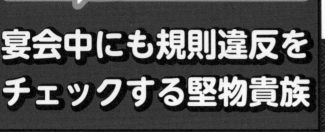

藤原道長が一目を置くほど頼りになる存在

藤原実資は、同じ藤原氏とはいいながら、道長とは別流で、再従兄弟《はとこ》同士。道長らの一族が全盛を極める中、大納言、右大臣などを歴任した実力派の貴族です。儀式や先例などを重んじる当時において、これらに精通した実資は、官僚として実に頼りになる人物で、権力者・道長ですら一目置く存在でした。時には道長を批判したり、意に反する褒賞を行ったりしたこともあったようです。

そんな実資は、宴会の時に女房たちに近寄って十二単の布の数を数えるという、ちょっとフェチな行動を紫式部に見つかっています。とはいえ、実はこれ、女房の服装が派手すぎないかチェックしていたようなのです。当時は「華美禁止令」がたびたび出されていましたから、その確認ですね。みんなが宴会で騒いでいる時にこれですから、真面目というか、堅物というか、うるさ型の典型のような人物です。しかし、彼の真面目さが現代でもすごく役立っています。彼がコツコツ50年以上書き続けた日記『小右記』は、平安時代を知る第一級史料となっているのです。

摂関政治の中心にいた帝

藤原氏の操り人形では決してなかった賢帝

平安時代
その他

一条天皇《いちじょうてんのう》

円融天皇の皇子。母は藤原兼家の娘（道長の姉）。定子と彰子のふたりを后とした。その御代には宮廷文化が大いに栄え、自身も笛の名手だったという。7歳で即位して32歳で没するまで道長らと協調して政治を行った。

享年
32歳
（980～1011）

まわりと協調しながら自分の意志を持って行動した有能政治家

一条天皇の二人の后のうち、定子には清少納言が、彰子には紫式部や和泉式部が仕えていました。当時の政治や文化の中心にいたのが、この一条天皇なのです。

しかしながら、この時代、政治は摂政・関白らの要職を担った藤原氏の全盛の時代で、政権は道長らの手に握られ、天皇はただのお飾りにすぎず、儀式などを行っているだけでなにも実権がなかった、というのが一般の印象ではないでしょうか。

しかし、一条天皇は、関白道隆が病に倒れた時、権力継承を急ぐ子の伊周の要求を押しとどめていますし、伊周らの断罪や恩赦の時には、道長ら貴族の意見を聞きつつも、最後は自身の意見を押し通しています。一条天皇は、貴族たちとの協調を保ちつつ、自身の意志を持ち行動した政治家で、平安時代後期を代表する学者・大江匡房が「叡《えい》哲《てつ》欽《きん》明《めい》にして広く万事に長じたまふ」と絶賛しているほどなのです。

また、周囲が反対する中、出家した中宮定子を内裏に呼び寄せたりもしています。もっともこれは、「愛するが故の暴走」だったのかもしれませんが……。

武力も財力も豊富です

伝説の武将の得意技は意外にも財テクと贈賄

平安時代
その他

源《みなもとの》頼《より》光《みつ》

坂田金時（金太郎）ら「四天王」を率いた鬼退治などの武勇伝説で有名な武将。備前国（岡山県南東部）、但馬国（兵庫県北部）、美濃国（岐阜県）などの国司を歴任。藤原兼家や道長に豪華な贈り物をしたことでも有名。

享年
74歳
（948〜1021）

腕っぷしだけでなく、財力も手にした武将

源頼光は、平安中期を代表する武将です。なんといっても有名なのは大江山の「酒呑童子」に関する逸話でしょう。人を殺し財宝を奪い、美女をさらうなどして平安京の人々に恐れられた、京の大江山に棲まう鬼人・酒呑童子を、「四天王」と呼ばれる家臣らを従えて退治したという武勇譚《たん》の主人公こそ源頼光なのです。もちろん「鬼退治」などは後世つくられた逸話なのですが、そんな話ができるほど、武勇でならした武将だったのでしょう。

しかし、当時の記録にはちょっと違ったイメージの源頼光が登場します。彼は、火事で焼失した藤原道長邸が再建されると、家具や調度品など一式すべてを道長にプレゼントしたことで京中の話題をさらっています。このようにして上級貴族に取り入っては、金儲けに有利な国司（受領）の職を歴任し、莫大な財力を得てはまた賄賂を贈るなどして私腹を肥やしていったようなのです。腕っぷしだけでなく、財力も出世のために必要なのは、今も昔も変わらない、といったところでしょうか。

コラム

3

平安時代の美女はどんな人だった？

◆平安美女の第一基準は長くて美しい黒髪だった！

十二単（女房装束）に身を包んだ女性たちが、和歌で愛を語り合う……。そんな雅なイメージが付きまとう平安時代。ドラマでは今を時めく美女たちが演じていますが、実際にはどのような人が美女とされていたんでしょうか。

もちろん、人によって基準は違いますが、ほぼ共通して美女の条件といえるのは、髪の美しさ。まっすぐで長い髪の毛が美女の条件とされていました。身長よりも長い髪、できれば一尺(≒ 30ｃｍ）ほど長いのが理想的とされていたようです。それだけ長いと、手入れも大変だったでしょう。シャンプーやリンスがなかった当時は米のとぎ汁などを使い懸命に櫛で梳《と》かしていました。

ちなみに『枕草子』で有名な清少納言はちぢれ毛だったようで、それがコンプレックスになっていたともいいます。

◆現代とは違う美の基準
モデル体型の女性はもてなかった

身長は、当時は低めの人が好まれることが多かったようです。清少納言も、『枕草子』の中で「小さいものはなにもかもみな愛らしい」なんて書いています。

また、体型はどちらかというとぽっちゃり型が好まれたようで、『紫式部日記』にも、誉め言葉として「ふくらか(ふっくら)」といった言葉が出てきます。背が低くてぽっちゃり型が美人の条件などと聞いたら、現在の長身でやせ型のモデルさんたちはびっくりしてしまうかもしれませんね。

顔立ちは、好みもあるでしょうが、藤原行成《ゆきなり》は「つり目、太眉、広がった鼻」はいやで、「あごの下から首筋がふっくらしているのがよい」などといっています。これが、おおむね平均的な美的センスといってよいかもしれません。

しかし、当時は、宮中に仕える女房以外の貴族の女性たちは決して人前に顔をさらすなどということはしません。したがって、男性が容姿で好みの女性を選ぶことは基本的にできません。そこで、実際には、家柄や財力、それに和歌などの教養が男性にモテるための基準となっていたといわれています。

しかし、当時は現代のような入浴の習慣はなく、体臭はかなりきつかったよう。こんな平安貴族の女性、あなたは憧れますか?

監修　ミスター武士道

1990年、三重県四日市市生まれ。独学で歴史解説や情報発信をするYouTuber。2019年に歴史解説チャンネル『戦国BANASHI』を開設。戦国時代を中心に、日本史や大河ドラマの解説などが話題となり、総再生回数4000万回以上、登録者数15万人を超えるチャンネルに。歴史解説のほか、城跡や世界遺産を巡るロケ動画、専門家との対談動画などにも力を入れている。

STAFF

装丁	坂本達也（元山）
本文デザイン	徳本育民
イラスト	ちしまこうのすけ、本田しずまる
編集協力	福田智弘
構成・編集	橋本真優（スタジオダンク）

大人気歴史系YouTuber ミスター武士道の
「戦国武将」本当のキャラ教えます図鑑

2023年7月11日　第1刷発行

著　者　ミスター武士道
発行人　蓮見清一
発行所　株式会社宝島社
〒102-8388　東京都千代田区一番町25番地
電話：営業　03-3234-4621
　　　編集　03-3239-0926
https://tkj.jp
印刷・製本　中央精版印刷株式会社

ISBN978-4-299-04233-0